AF413854

Aquamarine 67

Gaelle Kermen

roman-vérité

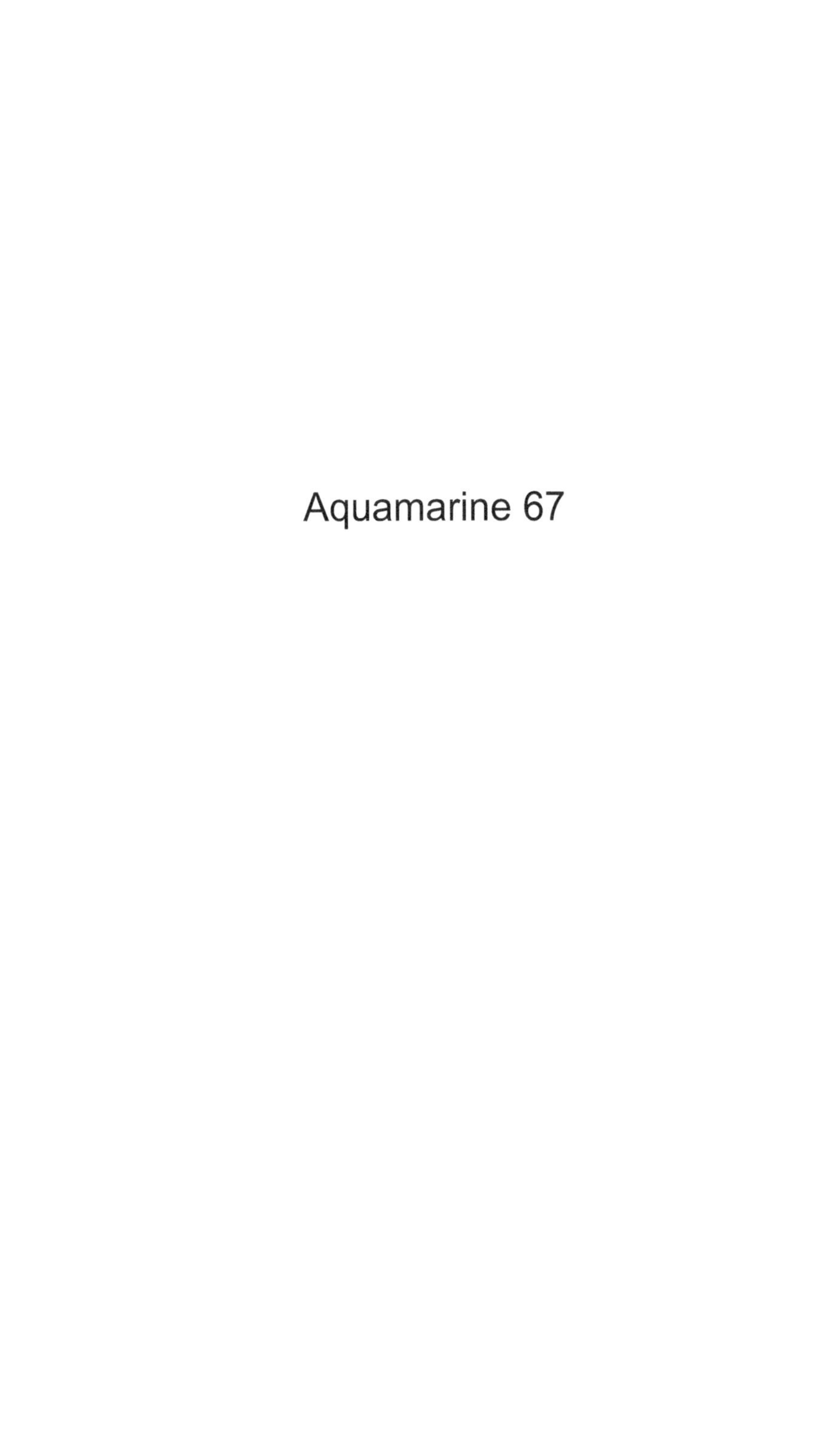
Aquamarine 67

DÉDICACE

à Richard Royal Hoffman

Un jour, quand j'aurai une maison avec une grande pièce et des murs nus, j'ai l'intention de composer un immense tableau ou graphique qui dira mieux que n'importe quel livre l'histoire de mes amis ; et un autre qui racontera l'histoire des livres dans ma vie. Un sur chaque mur, l'un en face de l'autre, qui s'imprégneront l'un de l'autre, qui s'effaceront l'un l'autre. Nul homme ne peut espérer vivre assez longtemps pour faire, à l'aide de mots, le tour de ces événements, de ces expériences insondables. Cela n'est possible que par le truchement de symboles, de graphiques, à la manière de ces étoiles qui écrivent leur mysterium constellé.

Pourquoi est-ce que je parle ainsi? Parce que, durant cette période - trop à faire, trop à voir, à goûter, et ainsi de suite -, le passé et l'avenir convergeaient avec une telle netteté et une telle précision que, non seulement les amis et les livres, mais les créatures, les objets, les rêves, les événements historiques, les monuments, les rues, les noms des endroits, les promenades, les rencontres, les conversations, les rêveries, les demi-pensées, tout cela se mettait si nettement au point, éclatait en angles, en abîmes, en vagues, en ombres, me révélait en un seul et harmonieux motif leur essence et leur signification.

Henry Miller
Un diable au paradis
traducteur Alex Grall Livre de Poche

Ce qu'ils pensent d'*Aquamarine 67*

« Nostalgie, nostalgie. Ton texte fait revivre une époque défunte, comme tout a changé. Et tu as une écriture très musicale, légère qui suggère et j'aime ça. »
Michel Polac, critique (1997)

« Un roman-vérité, ouvrage exutoire qui résonne comme un cri. Quel parcours que celui de cette Marine... Où es-tu, Brendan ? As-tu, un jour, été celui que Marine a perçu? Qu'as-tu fait de toutes ces années ? En lisant "Aquamarine 67", j'ai cru voir un film. Tous les ingrédients y sont : l'amour, le vécu, les grandes questions, des événements forts et même de l'humour, sans oublier ce petit côté rétro qui devrait plaire aux jeunes d'aujourd'hui et à notre génération, leurs parents. Les seuls aspects mode et musique devraient suffire à attirer des spectateurs. (...) Merci de m'avoir permis de partager ce moment de vie intense. »
Philipe Desalle, journaliste (1997)

BLOWIN IN THE WIND
« Elle s'appelle gaelle, vit à Kerantorec, un petit village de Bretagne, où elle a aménagé une maison à l'aide de matériaux naturels (par exemple le chanvre comme enduit pour les murs). Inspirée par Dylan et toute la génération hippie-beatnik des sixties et suivantes, elle a réalisé un site bourré de récits de vie et d'expériences (notamment une "Near Death Experience"). A visiter pour sa sincérité, son authenticité ou pourquoi pas, pour lire un roman inédit à ce jour : Aquamarine 67. »
Adrien Poskin, revue Telemoustique du 07/05/1997, Belgique, Cyber Café, carnet d'adresses Internet.

« Merci, pour ce bijou, dur comme une aigue-marine, mais doux comme du miel sensuel qui vous coule dans la

Préface de 1995

Ce roman-vérité se situe en 1967 à Paris au Quartier Latin, entre la rue du Pot de Fer et le café de Buci. Il s'est achevé en mai 1968, début historique d'un autre monde, d'une autre civilisation, à Paris comme ailleurs.

Le texte d'origine a été écrit entre 1969 et 1971.

Retrouvé par hasard, vingt-cinq ans plus tard, il a été retranscrit au cours de l'été 1995. Des repérages ont été ajoutés en fin d'ouvrage, mais ni la forme ni le style n'en ont été modifiés, encore moins la non-ponctuation ou les variations de concordance de temps.

Pour garder la fraîcheur d'origine, narcissique et altruiste, intimiste et universaliste.

Itinéraire d'une initiation, peinture d'un monde perdu, document culturel, littéraire et/ou sociologique, écrit par petites touches impressionnistes, construit comme un film, pas de chapitres, mais des séquences, pas de paragraphes, mais des gros plans, au rythme cassé, haché, rapide ou méditatif, en souffle qui se cherche, parfois plein et ample, parfois court et haletant, dans une pensée qui n'a pas de points et met sur le même plan visions, émotions, impressions, sensations, réflexions, comme dans la vie.

Nos chemins avaient été, trente ans plus tard, ceux d'Anaïs Nin et de ses amis. Une génération. J'avais pensé que mon premier livre ne serait lisible qu'après ce laps de temps. Je le lance maintenant comme on lance une bouteille à la mer.

Gaelle Kermen

Kérantorec 1995

Publication en html sur site internet en février 1997

Sur l'absence de ponctuation

on pourrait expliquer la non-ponctuation et le
manque de majuscule
de mon écriture par mon asthme
c'est sans doute une volonté de me singulariser
comme tout asthmatique dont la maladie est souvent un
rempart contre la folie
mais c'est surtout un désir de respiration
je hache mes phrases comme je respire
souvent très mal
Proust qui avait de loin dépassé mon stade s'était
replié sur lui-même
il écrivait des pages entières sans pouvoir respirer
d'un interligne
moi j'espace je cherche l'air la lumière
ses phrases n'en finissaient pas
je supprime les points et les virgules
car je ne peux pas plus que Proust supporter l'idée
que quelque chose arrête ma pensée mon souffle ma vie

le livre ne raconte rien il ne s'y passe rien
pourtant un jour au hasard d'une rencontre
on a le sentiment de toucher quelque chose de plus
grand que soi
on se demande alors si on le mérite si on en est digne
mais cette rencontre peut marquer toute une vie

certaines journées s'inscrivent plus particulièrement
dans la mémoire
pas toujours celles où il arrive le plus de choses
plutôt les journées de latence

entre deux départs ou deux arrivées

il faut lire ce livre comme on nage en rêve dans le silence
il faut regarder ce livre comme une fleur d'eau au gré du courant
il faut entendre ce livre comme on entend le rythme de la mer
Gaelle Kermen
Kerantorec 1997

Préface de 1973

il y a si longtemps que je le cherche en moi que parfois je me demande si ce n'est pas un prétexte à ne rien faire d'autre

combien de temps ça a duré
cinq ans six ans ou plus
c'est beaucoup c'est trop
cinq ans six ans ou plus que j'essaie désespérément de le garder en projetant sur les feuillets blancs minces et légers comme du papier à cigarettes ces moments retrouvés sur un agenda ou dans ma mémoire forcée
j'ai souvent essayé de le raconter à un trois cinq six sans doute plus à ceux dont j'ai partagé la vie l'espace d'un instant ou de plusieurs mois mais je savais que c'était illusoire puisqu'à cause d'eux je l'avais perdu lui
quelle mauvaise conscience a pu ainsi me brider pour que chaque fois j'aie besoin de parler de lui de nous de notre vie d'alors
d'ailleurs je m'y prenais mal pour parler de lui
je ne donnais jamais qu'un seul aspect de sa personnalité
de son personnage
je n'avais peut-être à l'époque où je l'ai connu qu'une compréhension intuitive de lui et de son mode de vie
j'ai compris plus tard des choses que mon regard myope avait occultées
avec la connaissance j'ai perdu la magie

tant de temps pour exorciser une seule année

prétexte à ne pas vivre

cinq ans six ans de notes
tout ce temps à rêver ce que j'aurais pu y mettre

je suis venue au monastère accomplir ce dernier rite
qui me permettra je l'espère de vivre enfin ma propre
vie
de m'assumer moi-même
délivrée de ces souvenirs

le temps n'existe plus
maintenant je ne dis plus rien
je recommence tout
une dernière fois
âprement
dans le silence enfin trouvé

et je crains encore en le livrant de le ternir
mais si je ne le livre pas je perds toute chance de le
retrouver jamais

2 février 1973 son anniversaire de naissance
33 ans l'âge du Christ
abbaye de la Rochette
un monastère dans les Alpes

I

au cœur de l'hiver 67

j'aurais pu le connaître plus tôt
à cette party
du mois de juin 1966
une des nombreuses parties du Pot de Fer

les américains disaient toujours pot de feu
organisées par Marianne
qui l'avait invité
c'était plutôt une pot-party

sur un disque de Woody Guthrie
déchirant la fumée
Woodie qui donnait toujours envie de faire de
grandes choses
dans l'après-midi nous avions projeté une
communauté beatnik
lectures de la Beat Generation
textes de Ginsberg Corso Burroughs
Dharma Bums de Kerouac
lui qui était-il
je ne le connaissais pas encore
mais dans l'espace restreint du Pot de Fer je ne
l'avais pas vu
mon esprit n'était pas encore prêt

on the road

les clochards célestes
on the road again et toujours
fuites dans la nuit

nous allions souvent chez George Whitman
dans la petite librairie de la rue de la Bûcherie
Shakespeare and company
Marianne y avait travaillé puis Anne
j'aurais pu le rencontrer là le 4 juillet 1966 après
la manif devant l'ambassade américaine
à la Poetry-Reading avec Langston Hugues et
Ted Joans
mais je ne le connaissais pas encore
c'était les beaux jours de l'été
et j'avais le soleil dans l'œil

cet été-là j'étais allée à l'Arche la communauté
de Lanza del Vasto
tenter d'apprendre un peu mieux la non-violence
il y avait eu les routes au hasard des rencontres
et la réconciliation avec le monde

et puis l'hiver comme toujours sur Paris
on parlait encore des beatniks
surtout de Gary Hemming qu'on appelait le
beatnik des neiges parce qu'il avait sauvé deux
alpinistes dans le Massif des Drus tout seul
je le voyais parfois à la Sorbonne ou à
Shakespeare and co
très grand blond buriné avec un immense rire

cet hiver-là Hélène nous était revenue de
Londres
   après son avortement

***

l'hiver était venu sur la Contrescarpe
   après un cours à la Sorbonne
   soir de vent et de froid
   soir de peu d'argent
   où je raclais mes poches pour acheter le Monde
devant la Chope
   j'ai levé la tête
   il était là devant moi
   dans la lumière attirante du café
   qui était-il
   l'avais-je déjà vu
   je ne le connaissais pas encore mais pourtant je
le reconnaissais
   sa silhouette un peu cassée
   déjà invraisemblablement attifé

   je restais là le geste en attente pour payer mon
journal
   fascinée je le regardais
   je devrais pas j'aurais pas dû
   où va-t-il who is he
   d'où est-il
   il va s'approcher parler dire n'importe quoi
   et peut-être ce sera foutu mais au moins je
saurai
   deux pas comme on chancelle
   je dois payer il fait froid

on peut pas rester comme ça l'un en face de l'autre

lui dans la lumière moi dans l'ombre

il parle pas je paie il va me suivre peut-être

il est entré dans l'ombre a hésité

je partais il n'a rien dit

il a tourné ses pas vers la rue du Cardinal Lemoine

le bonnet de laine sombre enfoncé sur le front

jusqu'aux yeux jusqu'aux lunettes

le manteau

mais est-ce qu'il avait un manteau

j'ai frissonné en descendant la Mouff jusqu'au Pot de Fer

j'aurais été incapable de raconter cette rencontre même à Hélène

si on peut appeler ça une rencontre

c'est plus tard que je me suis rappelée cette impression violente d'un soir d'hiver devant la Chope

***

quand l'histoire a commencé en 1967 on me donnait quinze ans mes cheveux étaient longs je portais des robes courtes et des chaussettes hautes et j'étais encore à tous points de vue une très petite fille bien naïve

j'étais maigre et fragile souffrant souvent de crises d'asthme comme en avait connu Proust mon auteur préféré

j'avais pourtant eu normalement mes deux bacs
et même Propédeutique et j'étais censée suivre
des cours à la Sorbonne et à la Fac de Droit sans
passion aucune d'ailleurs et sans grand contact ni
avec les profs ni avec les autres étudiants
l'année suivante heureusement je me suis enfin
trouvé des tas de petits camarades à la Sorbonne
occupée et libre mais ça c'est une autre histoire

j'habitais 20 rue du Pot de Fer dans le Vème
arrondissement
à Mouffetard
je n'habitais pas seule j'étais incapable d'être
indépendante j'habitais chez ma sœur aînée qui
m'a toujours protégée et sécurisée
il y avait aussi Hélène qui me submergeait de
tendresse et me cantonnait dans mon rôle de petite
fille

Anne était raisonnable sensée intelligente
équilibrée efficace rapide les pieds bien sur terre
avec un seul défaut celui de dormir la nuit et de ne
pas supporter de veiller tard
il est vrai qu'elle travaillait dans une grosse boite
américaine j'avais trop souvent tendance à oublier
qu'elle payait le loyer et qu'elle avait besoin de
travailler pour ça
Hélène était ma meilleure amie royale superbe
intelligente et censée aussi mais marchant surtout
à l'intuition aux coups de cœur
ce qu'elle aimait elle c'était ne pas dormir
elle trouvait que c'était du temps perdu

mais comme elle était facile à vivre elle se pliait aux habitudes d'Anne par respect pour l'hospitalité du Pot de Fer

Anne a toujours inspiré le respect

moi dormir ou ne pas dormir c'était pas un problème

Anne disait souvent qu'on voyait bien que je ne travaillais pas

c'est vrai je n'avais pas besoin de me lever tôt le matin

ce qui est vrai aussi c'est que j'avais toujours mes meilleures idées à partir de onze heures du soir

parce qu'en fait mes études c'était plutôt accessoire

ce qui m'occupait le plus c'était la couture je dessinais des modèles de robes et je faisais mes meilleures créations la nuit

mais comme Anne nous hébergeait nous nous couchions en même temps qu'elle sauf quand il y avait des parties ce qui arrivait assez souvent

au début quand Hélène est rentrée d'Angleterre on a essayé de dormir à trois dans le grand lit mais on dormait mal j'étais coincée entre elles qui n'osaient plus bouger alors Hélène a décidé que le petit matelas par terre était parfait et comme elle avait rapporté de son dernier voyage chez sa grand-mère une robe de chambre en laine des Pyrénées ayant appartenu au grand-père elle dormait dedans allongée très droite sur le matelas étroit ses longs cheveux sombres encadrant son visage tellement pâle que parfois j'ai peur de ne plus jamais la revoir ouvrir les yeux

***

les soirs nous nous installions toutes les trois dans nos lits avec nos ours nos tricots ou nos crochets et nos tisanes

Hélène et moi nous tricotions presque toujours en laine naturelle

je lui ai appris à faire les torsades juste avant qu'elle reparte en Angleterre la fois où elle est revenue si grosse et enlaidie que je me demandais bien pourquoi elle avait tant changé

mais le pull qu'elle avait commencé à ce moment-là n'en finissait pas je crois qu'elle ne voulait pas le finir je savais pas pourquoi je n'ai su que l'année suivante qu'elle était repartie en Angleterre pour avorter et qu'elle avait pris de la laine naturelle pour tricoter à l'hôpital en pleurant comme seule sait pleurer Hélène silencieusement toujours belle sans yeux rouges elle ne voulait pas que je sache pourquoi

Marianne était là quelquefois

Marianne c'est la meilleure amie d'Anne elle est dans le cinéma elle a participé au tournage de Pierrot de Fou que j'ai déjà vu cinq fois et elle connaît tous les américains de Paris

Anne et elle avaient habité ensemble au Pot de Fer et Anne ne savait jamais qui elle allait trouver dans son lit en rentrant une fois Marianne a passé toute la nuit à discuter le coup avec son copain noir américain Melvin Van Peebles

cette nuit-là il ne savait pas où aller

ils sont restés dans la cuisine du Pot de Fer pour ne pas empêcher Anne de dormir dans la chambre

le sommeil d'Anne c'est sacré tout le monde le respecte

Marianne arrivait parfois tard le soir après un film à la Cinémathèque ou un rendez-vous dans un café de la Contrescarpe et elle restait dormir avec nous

alors on se serrait à trois dans le grand lit

elle n'avait pas de tricot ni de crochet ni d'ours en peluche mais toujours une espèce de couffin qu'elle avait rapporté d'Ibiza bourré de livres de revues sur le cinoche de notes griffonnées un peu partout et elle s'étonnait d'arriver essoufflée à notre 4ème étage peinant sous le poids à chaque marche

elle s'extasiait sur nos œuvres mais n'avait pas la patience d'en faire elle-même ah si un jour elle s'y est mise elle a fait au crochet dans des tons plus que douteux un pantin tout efflanqué qu'elle a accroché au mur rose sale du Pot de Fer et qui est resté là longtemps touchant émouvant comme elle avec sa dégaine de petit garçon aux cheveux en bataille et son accent zézayant

***

l'hiver s'étirait en matins brumeux et frileux sur le Panthéon

***

Hélène se lève tôt peut-être parce qu'elle dort pas très bien sur son petit matelas ou parce qu'elle est polie et qu'elle préfère se lever en même temps qu'Anne qui travaille elle

elle nous prépare le petit déjeuner elle fait du café elle a besoin de beaucoup de café Hélène ça m'effraie moi j'aime pas beaucoup le café le matin mais pour lui faire plaisir j'en prends aussi et puis c'est tellement agréable de boire ensemble notre bol de café en parlant frileusement comme des chattes dans le matin d'ailleurs quelquefois elle vient avec moi dans le grand lit Hélène pour se réchauffer pendant qu'Anne fait sa toilette dans la cuisine

ce Pot de Fer c'est assez dégueulasse quand même

avec le chauffage au gaz qu'il faut allumer le matin un peu avant de se lever pour laisser à la chambre le temps de se réchauffer

et ce linoléum vraiment affreux inégal vert à carreaux on peut rien rêver de plus subliment horrible

et les rideaux qu'on avait peut-être avant nous tenté d'assortir au lino toujours dans les tons verts à carreaux avec en plus des genres d'animaux qui se seraient voulu africains et ce papier au mur d'un rose indéfinissable

et ces meubles à vous donner la nausée style Galerie Barbés

rien n'avait été arrangé au Pot de Fer

on n'avait pas envie de s'installer c'était bien comme ça et Anne se doutait que si on se mettait à décorer comme on dit on n'y resterait pas longtemps

en fait elle avait raison

un jour de fin 68 elle s'est mise à repeindre et trois mois plus tard elle a dû quitter le Pot de Fer

Marianne elle aime bien les rideaux le lino les meubles

je crois qu'elle les voit pas en fait Marianne élude très bien le contexte matériel

elle recrée la réalité comme un décor de film

Jean le type d'Hélène dit que les meubles sont de style Jean-Vingt-Trois

il a un sens très exact de la formule

oui c'est assez dégueulasse le Pot de Fer avec sa cuisine froide le matin

mais quand même pas si mal parce qu'elle est assez grande avec une fenêtre

ce qui nous fait trois fenêtres en tout qui laissent entrer le soleil presque toute la journée

comme ça on peut voir quelques branches d'arbres et le toit du couvent des Bénédictines de la rue à côté et même le Panthéon qu'est pas très loin

et puis dans la cuisine il y a un réfrigérateur et une cuisinière et même l'eau chaude tout le monde n'en a pas autant

évidemment pour faire pipi il faut monter sur l'évier parce que les toilettes sont sur le palier à la turc et qu'il n'y a pas de lumière alors on peut tout imaginer pourtant elles doivent être propres mais comme on voit rien on a toujours l'impression que même les murs sont couverts de merde

et puis la nuit c'est sinistre et au fond on adore grimper sur l'évier pour faire pipi

je plains les gens qui n'ont jamais été obligés de pisser dans un évier

il leur manque une dimension

ils doivent avoir du mal à apprécier leur confort

Marianne elle est obligée de monter sur un tabouret avant de s'asseoir sur l'évier mais nous on a très vite pris le coup un petit rétablissement et hop on y est

c'est très agréable

Hélène elle passe son temps à se laver le cul jamais vu ça

Marianne elle quand elle vient ici et qu'on dort à trois dans le grand lit eh ben elle peut très bien rester plusieurs jours sans se laver elle doit pas tellement aimer les cuvettes d'eau pourtant chaude dans l'évier du Pot de Fer ou ça lui tient chaud

mais Hélène c'est le contraire ça frise l'obsession elle dit toujours qu'elle a besoin de se laver le cul et que du moment qu'elle a le cul propre elle est heureuse

elle est tout le temps dans cette cuvette à faire ses ablutions

elle fait le yoga aussi

elle a tout un programme pour ses journées

ça commence par une méditation sur le printemps et la beauté

après elle se fait jolie c'est très important de se faire jolie le matin non seulement ça occupe une grande partie de la matinée mais en plus c'est bon pour le moral

quelquefois c'est dur de se ravaler la façade comme dit Jean mais après on se sent mieux dans sa peau

on se dit qu'on peut enfin sortir et affronter les autres leurs regards inconnus et peut-être hostiles

quand elle s'est faite jolie Hélène sort elle va se promener et acheter les journaux pour lire les petites annonces elle cherche du travail

elle va jusqu'au Luxembourg ou au Jardin des Plantes à travers les rues fraîches mais dans son programme elle a prévu de rentrer vers midi pour s'occuper des autres c'est vrai ça elle l'a marqué sur son papier

les autres c'est moi puisque Anne ne déjeune pas ici et Jean parfois

Hélène elle fait merveilleusement la cuisine

quand Jean a du fric elle nous fait des repas monstres des daurades au vin blanc des lapins aux oignons des gros trucs quoi que sa grand-mère lui a appris

les autres jours quand on est plus pauvres c'est-à-dire la plupart du temps on fait des légumes toutes les deux et puis après quand on a mangé les légumes on boit le bouillon en l'agrémentant de poivre

Hélène est championne de la recette du bouillon au poivre

quelquefois même quand on n'a plus de bouillon de légumes on fait du bouillon au poivre avec de l'eau chaude et du poivre tout seul faut s'habituer c'est tout

et puis elle fait des infusions pour nous endormir très altruiste Hélène

c'est drôle quand nous repensons à cette période du Pot de Fer nous n'avons aucun souvenir de faim cette faim dévorante que nous avons connue après les mois suivants pourtant nous mangions peu mais il y avait cette chaleur de l'une à l'autre

le Pot de Fer était un havre une source de tendresse grâce à Hélène surtout qui déversait sur nous des flots d'affection dans chaque geste de ses mains dans chaque modulation de sa voix chantante et les lents mouvements de sa chevelure

Jean était fou d'Hélène

elle me donne envie de dépenser de l'argent de la couvrir de cadeaux qu'il disait

c'est vrai qu'elle était précieuse Hélène elle portait bien son prénom qui laisse jamais personne indifférent depuis l'antiquité

on l'aimait à la folie ou pas du tout

ses attitudes intriguaient

son corps était étrange trop blanc

je la connaissais bien puisque je créais des modèles pour elle

un bassin large où on mettrait la mer

des petits seins

des jambes fines allurées de pouliche de prix

des bras longs presque maigres

des mains blanches aux doigts très longs presque des griffes les ongles toujours laqués de rouge sombre comme la bouche dans le visage pâle

les cheveux longs très noirs coiffés parfois en chignons tirant tous les cheveux sur le front en bouclant des volutes élaborées sur l'arrière ou en nattes relevées sur la tête ou laissés libres sur les épaules ondulant aux gestes qu'elle faisait pour rejeter la fumée de son fume-cigarette

ses vêtements d'un négligé intelligent

son sac qu'elle vidait régulièrement par terre sur un comptoir de bar un trottoir ou une marche d'escalier éternellement à la recherche de quelque chose qui se trouvait toujours au fond du sac sous le passeport les dernières lettres de Franck son premier amour et des cigarettes éparpillées

elle inquiétait comme elle rassurait

elle pouvait pleurer comme ça sans qu'un seul cil ait bougé et ait pu prévenir de ce qui se passait en elle

comme en rêve sans bruit

et sa voix était toujours une musique

elle parlait anglais avec l'accent français et le français avec l'accent anglais

j'aurais pu l'écouter des heures

je l'ai écoutée des jours et des nuits

comme une source

***

Jean disait que j'étais branque

les gens disent toujours que vous êtes branque quand vous ne faites pas ce qu'ils veulent ou

quand vous les empêchez de faire ce qui les
arrange
    en l'occurrence je le gênais dans ses rapports
avec Hélène
    j'étais en trop
    parce qu'Hélène me retenait
    auprès d'eux
    j'étais branque parce que j'étais emmerdante

    c'est vrai que parfois j'avais du mal à me situer

le pot de fer en février 67

nous attendions le printemps

***

deux février 1967
crêpe-party au Pot de Fer pour la Chandeleur
pas mal de monde dont beaucoup que nous ne connaissons pas comme d'habitude quand Marianne invite
en début de soirée j'ai ouvert la porte à Marianne qui arrivait avec des amis du Buci
derrière elle une fille
ainsi que
dans l'ombre du palier où n'arrive jamais la lumière je le reconnais
mais je vous ai vu déjà
il n'y a pas très longtemps
oui dans la rue
devant la Chope
j'achetais le Monde
c'est fantastic
il a dit c'est fantastic avec cet accent tonique à peine amerloque
sur la deuxième syllabe
qui est-il
Marianne a fait sommairement les présentations en bafouillant avec son charme bien à elle
Brendan est américain d'origine irlandaise comme son nom l'indique il fait une thèse à la Sorbonne vous vous êtes peut-être vus là-bas

Marine est bretonne toute mignonne elle fait de jolies robes et elle a des tas de pensées dans sa petite tête

Marianne savait toujours mettre les gens en contact et en valeur

il y avait au moins trente personnes assises par terre et sur le lit dans l'espace restreint du Pot de Fer

à manger des crêpes

bien sûr pour le folklore deux ou trois pseudo-beatniks plus ou moins beurrés ou camés

l'autre qui était l'autre mais j'oubliais déjà mon récent boy-friend petit bourgeois que ma robe courte gênait et qui ne pouvait s'empêcher de tirer sur l'ourlet comme si ça avait quelque importance

Brendan s'est assis par terre le dos contre un côté de l'armoire calme les mains ouvertes sur les genoux

yeux bleu irlandais

il a dit aujourd'hui c'est mon anniversaire de naissance

le 2 février le jour de la Présentation du Seigneur au Temple

vingt-sept ans aujourd'hui

aquarius être de l'air pur et de la fraternité à partir des sources initiatiques

si j'ai bien compris ce premier soir il était à Paris depuis trois ans pour faire une thèse d'Université sur l'ascèse de l'esprit à la Sorbonne

à Paris Brendan cherchait Dieu

quand j'étais gosse en Bretagne au catéchisme
j'avais appris que Dieu est partout et en tous lieux
Brendan cherchait Dieu dans les rues dans les
visages rencontrés ou en lui-même
maîtrise de soi
recherche de Dieu
quand je lui ai parlé de l'Arche de Lanza del
Vasto il a dit
il faut que j'aille là-bas

cette fascination qu'il exerçait déjà sur tous
même quand il se taisait
parce qu'il parlait peu Brendan
et toujours avec douceur
cette fascination qu'il exerçait déjà sur tous
au-delà des apparences
il était différent
ses vêtements
qu'avaient ses vêtements de si particulier
un peu fatigués peut-être dans la pénombre du
Pot de Fer
son bonnet de laine il l'avait posé en haut de
l'armoire où il est resté des mois dans l'épaisse
poussière oubliée

***

quand je me suis réveillée le lendemain matin
j'ai su que quelqu'un était venu à notre rencontre
quelque chose d'autre dans nos vies
dans ma vie
un signe peut-être

***

Marianne le connaissait depuis pas mal de temps comme elle connaissait tous les américains de passage à Paris entre Montparnasse et Saint-Germain entre la Coupole et le Buci suivant certains itinéraires empruntés par Fitzgerald Hemingway ou Miller

Brendan elle ne s'était pas contentée de le rencontrer du côté de la Seine elle l'avait retrouvé l'été dernier chez des amis communs à Mikonos elle avait aussi dû partager la même chambre au fond du jardin dans l'île

Brendan étudiait le zen et passait ses journées en méditation sur des dessins ésotériques

Marianne avait le droit de faire la bouffe le ménage et surtout de se taire

beaucoup de problèmes Brendan disait Marianne qui s'y connaissait en problèmes à l'époque il était complètement fou en crise grave

après Mikonos ils s'étaient perdus de vue la bouffe le ménage le silence et les petits dessins zen c'était trop pour Marianne elle savait seulement qu'il était resté huit jours à Délos seul huit jours et huit nuits sur les plages désertes de Délos

puis elle l'avait retrouvé vers le Buci ou la Contrescarpe et hier elle avait pensé qu'il irait très bien dans le cadre du Pot de Fer qu'il nous manquait ce genre d'échantillon sociologique pour parfaire nos Pot-de-Fer-parties

on avait eu pas mal de peintres poètes musiciens et tout et tout mais jamais encore de mystiques

Anne avait déjà rencontré Brendan un soir d'hiver à la Chope avec Marianne elle avait été impressionnée en apprenant qu'il avait passé huit jours seul à Délos son rêve

après le départ d'Anne Brendan avait demandé à Marianne
avec son sale accent du sud
est-ce qu'on peut baiser avec elle
comme disait Marianne qui s'y connaissait
beaucoup de problèmes avec les nanas Brendan

***

nous attendions le printemps
mais c'est un peu avant le printemps qu'Hélène nous a quittés nous et le Pot de Fer pour s'installer rue Maître-Albert avec Jean

sans Hélène les matins étaient un peu sinistres

je m'étais laissée séduire par un étudiant en médecine très petit-bourgeois enfin quand je dis laisser séduire c'était beaucoup dire j'étais toujours vierge et pure
virgin marine
disons que c'était facile de me laisser conduire au cinéma au restaurant et tout
un jour il m'a proposé d'aller à l'hôtel j'ai rien compris

le lendemain de la crêpe-party où il était présent
et incongru dans ses complets tirés à quatre
épingles mais je l'avais déjà presque oublié dès la
rencontre avec Brendan le lendemain de la crêpe-
party il est venu déjeuner

c'était encore Hélène qui faisait la bouffe mais
elle est partie très vite

il a essayé de me baiser

il me paraissait indécent dans son grand slip
kangourou blanc

je n'ai rien compris du tout

il n'a pas pu

il a fini par remettre son pantalon à toute allure
et s'est enfui

me laissant en pleurs sur mon triste sort de
pucelle

est-ce que j'étais monstrueuse

Hélène me l'a souvent dit

fais pas l'amour tu sais ça n'a rien d'agréable
ces types qui jouent à la savonnette sur ton ventre

mais moi ça me creuse parfois tellement le
ventre

par chance Hélène est revenue et m'a consolée
entre mes hoquets

mais ma chérie ce petit-bourgeois installé entre
papa-maman non il est trop con celui-là oublie-le tu
mérites mieux et tu sais ça arrive souvent que ça
marche pas la première fois après ça passe tout
seul c'est même trop facile et pour ce genre de

trucs y a pas de modèle standard tu sais il faut trouver le format qui convient

moi j'étais perdue là-dedans la seule chose que je comprenais c'est qu'elle ne m'abandonnait pas elle m'emmenait dormir rue Maître-Albert pour ne pas me laisser toute seule car Anne n'était pas au Pot de Fer

il était minuit
nous sommes sorties dans la rue du Pot de Fer il faisait froid en passant devant le Café des Cinq-Billards place de la Contrescarpe
et alors Brendan est apparu
Brendan ses yeux vrais
yeux bleu séraphique et grand rire de dragon gentil dans la nuit
j'ai eu honte d'avoir pleuré dans les bras doux et blancs d'Hélène véritable sein maternel

***

que s'est-il passé alors
et pourquoi
le trou

j'ai relu Descartes
ma troisième maxime était de tâcher toujours à me vaincre que la fortune et à changer mes désirs que l'ordre du monde
histoire de me consoler de ne pas pouvoir faire autrement

mais qu'est-ce que j'avais bien pu foutre avec
un mec pareil
c'est toujours ce qu'on se dit après quand il est
trop tard
son nom je l'avais déjà oublié
en rencontrant Brendan

pourtant j'avais désiré mourir
plus rien autour de moi
le nirvana peut-être
la transcendance
ou le néant

si le ciel n'avait pas été aussi clair ce jour-là
si je n'avais eu des amis compatissants
si les Marx Brothers n'avaient pas fait de films
et si deux nuits plus tôt je n'avais pas rencontré
Brendan
ses yeux vrais espoir d'une autre vie pas d'une
autre mort
j'aurais lâché prise et il n'y aurait pas eu
d'histoire d'aquamarine

il devait être quelque chose comme l'illusion de
la sécurité
eh ben une fois de plus c'était râpé la sécurité
ma petite Marine trop tôt pour toi pas encore mûre
pour ça patience ça viendra bien toujours assez tôt

qu'aurons-nous fait ensemble
vu trois films au Quartier

mangé quelquefois au restaurant italien de la
rue Dauphine celui qui a brûlé depuis
pris un thé au Drugstore putasse et visité une
église pas loin celle de Saint-Germain-des-Prés
vu les œuvres de Picasso au Grand Palais
mangé des crêpes rue Grégoire de Tours
et déjà c'était la fin
vraiment pas de quoi fouetter un chat dans tout
ça ni me laisser trop de souvenirs

la fin c'est toujours cette question dans une
voiture
je peux te déposer quelque part
c'est toujours pareil
alors on répond n'importe quoi
alors on va n'importe où
on parle avec n'importe qui

***

ça m'avait quand même drôlement secouée
cette histoire
je me croyais anormale et monstrueuse
je me sentais vide
les premiers matins me réveillaient en sursaut
d'angoisse

mais la vie a continué
toujours forte

trop de monde pas assez de temps
ma fascination pour les américains vagabonds
à la recherche de quelque chose

eux-mêmes peut-être
mais quelque chose d'autre
trop de monde pas assez de temps

Ernie un homme d'affaires new-yorkais ami de
Marianne et d'Anne vient de me rapporter de New-
York le bouquin de Richard Fariña
Been Down So Long It Looks Like Up To Me
que j'attendais depuis des mois
Fariña le beau-frère de Joan Baez le mari de sa
sœur Mimi
nous écoutions ses chansons au Pot de Fer
The Swallow Song et Pack Up Your Sorrow
you're the loser
no use rambling
pour me faire plaisir presque tous les américains
qui viennent au Pot de Fer prétendent avoir été les
amis de Dick Fariña
ils ont tous été à l'école avec lui ou à Cornell
University
sauf Brendan parce qu'il est du Sud des États-
Unis de Saint-Louis Missouri exactement et pas de
la côte est
Fariña poète écrivain musicien qui s'est pété la
gueule à moto le trente avril de l'année dernière
juste après la sortie de son livre
un type rare

alors j'ai envie de vivre à fond
vivre écrire étudier lire regarder écouter sentir
ne pas cesser d'aimer
aimer les gens et les choses comme Hélène

aimer le soleil qui va venir sur Paris
aimer les arbres du Luxembourg ou d'ailleurs
aimer Dylan Mozart Shakespeare
aimer les robes et le printemps
aimer les rêves que nous faisions avec Hélène
quand elle était encore avec nous
travailler lire faire le yoga très assidûment
bases d'une nouvelle vie

je rêve de connaître quelqu'un qui m'apprenne
le silence
Brendan where are you

c'était encore parfois les matins en sursaut
je me trainais comme Marianne dans Pierrot le
fou
qu'est-ce que je peux faire j'sais pas quoi faire

où pourrais-je aller
toujours rien nulle part rien

mais Hélène retrouvée certains soirs me
rappelait la mélodie du film de Minnelli vu à la
Cinémathèque
Meet me in Saint-Louis
la la la la la I would be your bootsy tootsy you
would be my tootsy bootsy
or something like that
meet me in Saint-Louis
là dans les notes montantes ça devenait
franchement faux

mais promenant nos ours en peluche au
Luxembourg pour faire râler Jean nous trouvions la
vie follement drôle

alors tout est devant moi je suis libre
j'ouvre la main je suis prête
j'attends demain

thanks to Brendan qui n'en sait rien
mais qu'en savais-je moi-même

***

il y a eu cet américain cossu que Marianne a
amené un jour au Pot de Fer il s'appelait Michaël
un juriste international

il y a eu la soirée partagée entre Michaël et
Marianne aux Deux-Magots puis à ce restaurant de
la rue Xavier-Privas où on bouffait du couscous
derrière les bougies
ça l'agaçait de me voir faire fondre la bougie

il y a eu le jour où j'ai conduit Michaël à la Fac
de Droit à Assas où je tentais de suivre des cours
il s'est étonné de voir le prof là-bas au fond de
l'amphi parlant tout seul d'un ton docte et magistral
sans contact avec ses étudiants d'ailleurs épars sur
les bancs
il a dit qu'aux États-Unis ça n'arrivait jamais et
que les méthodes d'enseignement universitaire
étaient plus socratiques qu'en France

ce qui l'a surtout frappé c'est la façon dont les étudiantes françaises étaient habillées pour venir au cours

il est vrai que ces demoiselles qui étudiaient le Droit et avec lesquelles j'avais si peu de contacts venaient toutes à la Fac avec un sac Hermès noué d'un foulard de soie également Hermès le kilt écossais à la bonne longueur et le collier de perle sur le pull shetland court

Michaël pensait que les étudiantes américaines travaillaient plus que les étudiantes françaises

seulement il estimait que ça servait plus de savoir s'habiller que de savoir travailler

encore une idée de mec ça

il y a eu ensuite ce déjeuner pris ensemble rue de la Harpe dans un restaurant style 1900 cossu lui aussi qui me vengeait des journées sans beaucoup manger

Michaël était très impressionné par ma minceur presque maigreur

il faut que tou accent tonique manges le midi et le soir reaccent tonique paradoxalement languissant

tou vas manger n'est-ce pas ma petite fille

mais qu'est-ce qu'ils ont tous à vouloir me faire manger et grossir

comme si c'était le seul problème

il était gentil Michaël sa bouche sur mon cou faisait comme un frisson de pigeon il était rassurant aussi il y a eu l'arrivée de Liz petite noire américaine si jolie de Kalamazoo College un nom indien

elle était très mignonne très délicate un charme fou

elle est restée quelques jours avec nous au Pot de Fer qu'elle adorait comme tous les américains qui y passaient

nous avions un peu la même façon de vivre et nous ne nous dérangions pas

yoga le matin gros petit déjeuner et déjeuner bien plus tard quand nous avions faim n'importe quand mais rarement à midi

la grande différence de nos modes de vie c'est qu'elle était très ordonnée et moi très bordélique

elle savait à la perfection préparer ses bagages ou ranger le Pot de Fer

et ça je savais vraiment pas

puis Michaël est parti en Suisse

et il y a eu la journée de balade avec Liz dans Paris juste avant qu'elle parte en Italie et l'histoire aurait pu s'appeler métro métro métro ou a day with or without them

***

un type est entré avec un blouson à carreaux et
une chemise bleu pale à col pointu et boutonné des
jeans aussi blue-jeans et le New-York Times sous
le bras il a dit quelque chose au garçon qui se
penchait sur lui et le garçon très intelligent je dois le
dire au passage a répété en criant à moitié un
coca-cola les amerloques prennent toujours un
coca-cola et ensuite ils lisent le New-York Times
aujourd'hui il pleut il pleut comme il n'avait jamais
plu depuis longtemps déjà hier le vent est venu un
grand vent profond ample de mer et aujourd'hui la
pluie est là ce matin j'ai entendu la pluie je me suis
réveillée en sursaut et j'ai pensé Michaël est parti
j'aime beaucoup ce café Le Carabin à cause du
garçon peut-être il est vraiment très intelligent je
pense sans me vanter comme dirait Jean qu'il est
le garçon le plus intelligent de Paris il voit tout il sait
tout il connaît tout il comprend tout il est très
philosophe et puis avec lui au moins on peut
discuter il y a une chose que j'aimerais faire c'est
passer une journée entière dans ce café je
m'ennuierais pas mais trop de monde pas assez de
temps toujours des choses à faire des gens à voir
illusion sans doute ce matin Liz dormait encore
quand je me suis levée j'ai essayé de faire le moins
de bruit possible j'ai fait les choses à faire le matin
si on veut bien vivre la journée s'étirer comme un
chat plusieurs fois à fond toujours aller jusqu'au
bout du geste puis boire un verre d'eau froide l'eau
purificatrice et faire des respirations soufflet comme
un petit chat qui éternuerait puis se brosser les

dents et la langue très très important ça mais faut faire gaffe à pas brosser trop loin sans ça on a envie de dégueuler et puis aussi les ablutions de rigueur à l'eau froide toujours sur les poignets les bras le visage et la nuque pour être sûre d'être vraiment réveillée après tout ça je pensais faire le yoga tranquillement avant le réveil de Liz mais elle s'est réveillée good morning how are you fine thank you did you sleep well yes et elle s'est levée alors je lui ai préparé son petit déjeuner à la française je pensais tout le temps que c'était son dernier jour en France enfin pour le moment parce qu'elle doit revenir passer quelques jours à Paris avant de repartir à Chicago dans un mois à peu près c'est un peu comme Michaël seulement lui quand il reviendra de Suisse il passera par Londres avant de rentrer à New-York Liz je pourrais la regarder évoluer pendant des heures bizarre quand même peut-être Michaël a raison de se demander si j'aime les hommes pas si sûr que ça en y réfléchissant mais ça m'embête de réfléchir je voulais seulement faire le yoga j'ai préparé une tasse de café au lait pour moi en même temps que le petit déjeuner de Liz mais je l'ai pas bue parce qu'il ne faut pas prendre le petit déjeuner avant de faire le yoga après plutôt alors pendant qu'elle déjeunait dans la cuisine j'ai fait le yoga dans la chambre Liz m'a pas dérangée elle est very cleaver après j'ai déjeuné Liz voulait aller revoir Un Homme et Une Femme avant son départ j'ai dit que c'était un temps à aller revoir Un Homme et Une Femme j'ai dû dire oui je sais plus Liz elle parle vraiment très bien le français presque sans accent américain juste quelques intonations typiques qui la rendent encore plus séduisante et puis avec Liz on peut parler de robes et les robes j'aime ça ça parle à mes mains elle m'a raconté qu'elle avait travaillé à Mademoiselle et à d'autres magazines de mode à New-York l'année dernière je suis habillée d'une façon vraiment dégueulasse aujourd'hui il y avait longtemps que je n'avais mis ces jeans et ce pull marin trop serré j'ai l'impression de me retrouver deux mois en arrière quand David est parti à Londres avant de rentrer à New-York David c'est encore un ami amerloque de Marianne et je l'aimais bien j'étais habillée comme ça il pleuvait aussi et pour sortir j'avais mis un ciré le même et j'ai trouvé Marianne toute seule aux Cinq-Billards à griffonner de drôles de choses pour tromper sa tristesse à chaque départ c'est pareil hier c'était lundi Liz est noire David est juif Michaël est juif les américains sont tous noirs ou juifs c'est idiot ce que je dis là c'est comme ce truc de Godard tous les garçons s'appellent Patrick certain exemple de sophisme mais en tous cas une chose est certaine hier c'était lundi les américains partent toujours un lundi ils partent toujours en promettant de revenir même quand on leur demande rien et ils reviennent pas toujours ça doit être comme ça la vie tant pis j'ai horreur des regrets Liz devait aller à l'American-Express rue Scribe pour retirer des travellers-checks je lui ai dit d'y aller et que je la retrouverai à deux heures dans le hall du cinéma j'avais pas encore envie de sortir Liz est partie il pleuvait toujours il a bien fallu que j'aille acheter du beurre et des œufs à la crémerie de la rue Mouffetard après ça j'ai mangé un œuf à la coque je continuais mon petit déjeuner et puis une grande assiette de porridge il était onze heures et demi passées j'ai regardé les toits laqués de pluie jusqu'au Panthéon il me manquait quelque chose je savais pas quoi j'avais fait tout ce qu'il faut faire le matin pour vivre la journée à fond yoga toilette petit déjeuner copieux à l'anglaise j'avais même rangé et fait un peu de ménage brusquement j'ai senti mes cheveux sur mon dos ils avaient soif de vent c'était ça il fallait que je sorte j'ai vu David sur le lit enfin mon ours il s'appelle David prononcé à l'amerloque comme David j'ai besoin de mon ours j'avais jamais eu d'ours dans ma vie même quand j'étais petite et c'est David qui m'en avait fait prendre conscience un soir d'hiver avant Noël où il somnolait avec l'ours d'Anne en croyant que c'était le mien déchirement frustration pour me consoler Hélène m'a offert ce petit ours juste après pour Noël et autant que possible je l'emmène partout avec moi depuis quelques temps je le laissais à la maison ce matin il avait l'air triste et puis j'avais l'impression qu'il me manquait quelque chose j'ai pris David dans mes bras et je suis sortie on commence à entendre les oiseaux maintenant j'ai vraiment entendu les oiseaux pour la première fois cette année vendredi dernier avec Michaël en traversant le Luxembourg le soleil entier à travers les branches encore nues zut ça m'énerve d'avoir perdu cet air c'était Voyage d'Hiver de Schubert j'étais tellement heureuse dimanche de l'avoir retrouvé ça commençait comme ça la la la non c'est pas ça c'est toujours ce truc des Noces de Figaro qui revient mon cœur soupire la nuit le jour qui peut me dire si c'est l'amour deux fois terrible quand même de tout mélanger comme ça je l'ai fredonné tout le dimanche place de la Sorbonne les trois cafés en rang d'oignons il faudrait que je contacte Brendan pour vendredi soir mais où aux Cinq Billards c'est aléatoire et j'arrive plus à me rappeler le nom de son hôtel ça fait partie des choses inadmissibles je devrais pas oublier le nom d'un hôtel je devrais être plus consciente être toujours consciente présente mais ça doit finir par être vite fastidieux bon mais c'est pas le tout où aller Odéon évidemment on revient toujours à Odéon c'est le carrefour le centre vital le Carabin à cause du garçon qu'est le plus intelligent de Paris tout ça je connais pas de surprise je suis bien à l'abri d'ailleurs il s'est remis à pleuvoir l'ours le nounours le petit nounours le gros nounours my teddy David darling don't be shy je comprends pas les gens mais je les aime quand même pour ça que j'aime tant les cafés je pourrais passer plus de la moitié de ma vie dans les cafés je suis sortie du Carabin vers une heure dix je voulais voir Jean ou Hélène avant d'aller retrouver Liz au Maillot-Palace j'ai pris le passage du Mazet au Dauphine personne je suis descendue à la cafette j'ai demandé si Jean était venu non un copain à lui qui m'a invitée à prendre un pot au Dauphine-Mazet à un moment il m'a dit pourquoi tu trimballes un nounours tu ferais mieux de t'occuper d'un bonhomme ah il m'a dit aussi que j'avais toujours l'air en retard d'un train Odéon station Odéon Michaël les voitures qui passaient sur le soleil l'odeur de l'air encore bleu tout-à-l'heure dans le couloir du métro à Châtelet un aveugle jouait un air un vieil air lequel je saurais pas le dire mais c'était comme un air qu'on a toujours connu même avant de naître Brendan dit que si les français sont superficiels et font souvent du baratin dans leurs raisonnements c'est parce que les mères françaises ne savent jamais entièrement les paroles des chansons qu'elles chantent à leurs enfants en général elles connaissent le refrain et dans le meilleur des cas le premier couplet et après ben elles fredonnent alors les bébés sont habitués dès la naissance à entendre un vague chantonnement rien de précis ni de concis pas d'idées quoi plus tard ça donne le baratin dans les dissertations les articles les bouquins les discussions même c'est vrai depuis Descartes on na pas tellement avancé on est si content de nous en France qu'il n'y a pas grand chance d'évoluer jamais l'aveugle sa scie musicale comme des sanglots dans le vent on aurait aimé ne rien entendre passer ne pas s'attendrir on aurait voulu ne pas gémir et pouvoir respirer en montant les marches Georges-Cinq Franklin-Delano-Roosevelt des américains partout à Paris on rencontre que des américains c'est quand les vacances de Pâques je devrais aussi savoir ça partir à Londres à Pâques des tas de choses à faire là-bas d'abord étudier les boutiques de Carnaby-Street Kingsroad bref Chelsea puis visiter les musées pour la peinture des 18ème et 19ème siècles et puis voir Michaël peut-être et aussi surtout m'acheter d'autres faux-cils bon alors mon agenda nous sommes le combien un mardi oui puisque hier c'était lundi ils partent toujours un lundi prodigieusement idiot mardi vingt-huit tiens mais Centre Culturel Américain j'avais failli oublier ça USA démocratie présidentielle par André Tunc bon j'irai après le film qu'elle heure est-il deux heures moins sept ça va je serai à l'heure je sais plus qui a prétendu que j'étais toujours en retard c'est pas vrai pourquoi ce type me regarde ça va pas l'a jamais vu d'ours dans sa vie mieux vaut lire Proust mais j'aime pas l'armée m'en moque de l'esthétique des batailles et du génie du chef préfère celui d'Astérix sais plus son nom c'est l'heure de l'eau chaude non pas encore c'est trop tôt mais il est vrai que pour les bretons c'est toujours l'heure de l'eau chaude que dirait Michaël s'il savait que je n'ai pas encore mangé ce midi hier ma petite il faut que tou accent tonique manges le midi et le soir reaccent tonique ma petite Liz chérie je suis à l'heure il est deux heures pile et je sors du métro porte Maillot alors il est où ce cinoche ah here we are Liz elle m'attend elle est mignonne quand même zut pourquoi je me suis habillée comme ça j'ai une sale gueule hello tu attendais depuis longtemps non je viens d'arriver ah tant mieux alors on entre cinéma de vieille splendeur ça sent le vieux doit pas servir souvent pas grand monde on s'installe j'enlève mon ciré et l'écharpe de David oh tu lui mets une écharpe pour sortir toujours je peux vraiment pas sortir David si je trouve pas son écharpe je sais pas pourquoi mais c'est indispensable tu as peur qu'il prenne froid ou quelque chose comme ça oui sans doute c'est quelque chose comme ça et je perds souvent beaucoup de temps à chercher cette sacrée écharpe mais autrement je peux pas sortir il est très mignon tu vois je la lui mets comme Bob Dylan nouée sur l'épaule gauche he's cute isn't he yes he is t'es allée à l'American-Express oui et j'ai rencontré des amis de mon collège de Kalamazoo c'est marrant ça ah ça commence la séance Novembre à Paris mais ici c'est le printemps au cas où vous ne le saviez pas it's really spring now il y a deux jours j'ai vu un arbre tout en fleurs des fleurs roses devant l'église Saint-Nicolas-des-Chardonnets c'est un signe I think aujourd'hui le printemps est peut-être pluvieux mais c'est quand même le printemps le Drame du Taureau j'ai dû voir ça au moins quatre fois la première insupportable sur le poème de Lorca les terribles cinq heures du soir et un seul cœur debout le taureau les toilettes du cinoche inquiétantes je déteste tous les hommes sur cette terre qui ont la sale habitude d'ouvrir leur braguette avant d'être aux toilettes ou de ne pas la refermer avant d'en sortir j'aime pas les toilettes des cinémas d'ailleurs Un Homme et Une Femme ça fait au moins soixante fois que je vois ce film qu'est-ce que je ferais pas pour la nation américaine mais c'est un film qui rend heureux comme disait Michel Cournot ou à peu près mais qu'est-ce que je vais bien pouvoir faire de moi de ma vie demain maintenant que Michaël est parti et que Liz part ce soir restaurant sa bouche sur mon cou fffvvvvrrrtttt frisson de pigeon incroyable les pigeons ça bouge tout le temps le cou à chaque pas ça doit être crevé à la fin de sa vie un pigeon Anouk Aimée est vraiment très belle on pourrait mourir pour une telle femme mais elle est moins irréelle que Delphine Seyrig vraiment elle on sait pas ce qu'elle est ni même si elle est elle peut être mouette ou chat ou esprit ou algue non plutôt oiseau être de l'air comme un soupir quand je vois Delphine faire le simple geste d'enlever ses gants dans la Musica je me sens fondre c'est beau une voiture une voiture et une mouette qui décollent en même temps d'un vieux pont vers Deauville un dimanche d'hiver Voyage d'Hiver it's spring today suffit d'y croire Voyage d'Hiver ce sera bien quand Michaël viendra m'attendre à Londres gare Saint-Lazare train visage dramatique qui s'arrête sur l'écran the end c'était beau hein en tout cas Liz est ravie si j'avais beaucoup d'argent elle dit j'achèterais le film je l'emmènerais aux États-Unis et je me le passerais chaque fois qu'il pleuvrait on sort mais il fait beau spring spring spring et quelle chance il y a toujours du vent comme à Deauville en hiver on en a plein la gueule l'autre soir à la présentation de son film la Musica Marguerite Duras disait quelque chose de très juste à un type qui parlait du bonheur en se demandant entre parenthèses si ça existait elle a dit bien sûr ça existe le mot existe donc la chose existe c'est vrai d'ailleurs c'est tout ce qu'il y a de plus vrai les mots un mot c'est une chose je pense Michaël à quoi je pense je pense à lui en tant que tout bien défini une entité une sublimation peut-être si je pense pas Michaël je pense une foule de choses imprécises et moins importantes ou alors non un mot c'est peut-être justement l'absence d'une chose anyway maintenant je sais où ils vont les canards de Central Park quand le lac est gelé en hiver ils vont chez Michaël qui habite tout près c'est bien rassurant mais quand je pense Michaël ça veut dire aussi qu'il n'est pas là manger des crêpes Liz non plus elle mange pas le midi elle dit qu'elle préfère manger quand elle a faim et qu'elle n'a presque jamais faim le midi alors elle fait comme moi elle mange plus tard quand elle a faim et il se trouve que nous avons faim toutes les deux de crêpes précisément quand même je devrais travailler c'est pas le tout de se balader avec des américains tiens on va sur les Tchempseilaïsis ok mais il faudrait peut-être aussi penser à travailler qu'est-ce que je vais faire demain quand Liz sera partie quand tout le monde sera parti le soir oui aller à l'Olympia voir et entendre cet adorable enfant perdu de Donovan petit prince et puis après le lendemain passer mon temps à chercher les hommes ou un homme comme Diogène I'll see je crois bien que je mourrai écrasée par un autobus en traversant une rue the Tchempseilaïsis the Tchempseilaïsis le Drugstore porno je préfère encore reprendre le métro et j'abandonne Liz sur les Champs-Elysées mais peut-être c'est moi qu'elle abandonne comment savoir métro métro métro or a day with or without them qui c'est eux ben les américains qui chaque jour plus envahissent ma vie notre vie pourquoi Hélène m'a abandonnée et puis pourquoi elle veut pas que je fasse l'amour elle dit que c'est pas si bien que ça mais moi j'en ai envie et ça m'en fait mal au ventre parfois alors elle dit que je jouirai elle dit ou c'est peut-être Jean qui le dit que l'amour ça commence d'abord dans la tête et après dans le ventre moi je sais pas où ça va ensuite Anne dit que Michaël est radin quoi il est parti en train il prend même pas l'avion un type qui gagne soixante dollars de l'heure quand il travaille mais qu'est-ce qu'il fait quelle importance il prend le métro il prend même pas le taxi c'est honteux cette manie de déchirer en petits morceaux un ticket de métro il y a un certain nombre de choses que je ne dois pas faire inconsciemment comme de me mordre nerveusement les lèvres ou de jouer à faire fondre la bougie dans les restaurants sombres de la rue Xavier-Privas ou d'oublier de manger ma petite il faut que tou accent tonique manges le matin ah non et tou vas manger oh non mais chérie où sont les accents toniques entre parenthèses tou dois manger zut mon soutien-gorge s'est dégrafé pourquoi j'en mets aussi ça sert à quoi cet engin encore un truc qu'il faut foutre en l'air station Sèvres-Babylone ah c'est ici que je descends le petit garçon me regarde de haut en bas ça me rend bizarre serrer David contre moi et détourner la tête

je peux pas sortir sans mon ours dans les bras elle
me traumatise à la fin je me demande parfois si je
ne suis pas l'enfant qu'elle n'a pas au fond c'est
agréable elle sait si bien m'entourer mais alors
pourquoi elle m'a abandonnée pour aller s'installer
avec un type oh Jean je l'aime bien mais c'est
dommage qu'il me prenne Hélène rue du Dragon
Centre Culturel Américain zut je suis en retard et il
y du monde obligée de descendre vers la salle de
lecture où la conférence est retransmise et c'est
déjà commencé prendre des notes sagement
comme une bonne élève Kennedy ça fait pas mal
de temps maintenant qu'ils l'ont descendu c'est
obsédant tous ces journaux autour de la pièce
qu'est-ce que je vais faire ce soir oui conduire Liz à
la gare après je vais m'ennuyer heureusement ça
dure pas trop longtemps cette conférence je sais
pas si j'en ai retenu grand chose sauf que bientôt
on fera la politique par ordinateur on posera les
problèmes à la machine avec toutes les données
bien sûr puisqu'il paraît qu'elle est bête et qu'il faut
tout lui dire et elle décidera s'il faut envoyer tant de
soldats au Vietnam ou n'importe quoi très fascinant
aller jusqu'au bout de la rue du Dragon zut tout est
noir me rappelle plus où je suis je croyais le
Drugstore proche la rue de Rennes je reconnais
plus rien je suis perdue Michaël je souis perdou
Michaël l'escalier sombre je souis perdou donne ta
main la chienne de la voisine qui n'aime pas
l'accent américain derrière la porte dans l'escalier
du Pot de Fer les vitrines de Sèvres sont toutes
marine et jaune comme le masque de

Toutânkhamon est bleu et or et je n'ai pas réussi à agrafer ce soutien-gorge pourri c'est décidé demain j'en mets plus affiches de Bonnard couleurs odeurs de printemps relent d'hiver et je pourrais mourir d'écrire en traversant une rue yôg demi-sourire de Toutânkhamon Bonnard il devait avoir une vie normale enfin avec une femme et peut-être des enfants une vie rythmée par le rite des petits-déjeuners le matin avec les enfants le déjeuner et les goûters en présence des chats et parfois d'un chien une vie rythmée par les saisons les hivers à Paris la froidure des rues la douceur des cafés Dieu que j'aime les cafés et les étés au bord de la mer un soleil dans les sables et certaines symphonies de printemps en bleu et blanc sur amandier en fleur après les déluges et les furies des oranges et des jaunes fenêtre ouverte huit heures du soir et je n'ai toujours pas mangé que penserait Michaël et le plus terrible c'est que je n'ai pas faim il suffit peut-être de ne pas y penser qu'est-ce qu'il dirait peut-être qu'il a de l'argent ça m'est égal qu'il ait de l'argent c'est s'il n'en avait pas que ça m'embêterait de toutes façons ça n'a aucun rapport j'ai rien à foutre avec lui en définitive mais il a un côté rassurant j'aime les mannequins au fond elles sont plus vraies que nous leur métier justifie leur fausseté nous rien ne nous justifie nous sommes des salopes et cette bête notion de pureté qu'on a toujours voulu imposer aux femmes ça n'est qu'une invention masculine ça veut rien dire du tout comme si les gamines de douze ans avec leurs fesses cambrées et leurs regards en coin étaient pures toutes des salopes Dieu merci un franc les violettes un franc les belles violettes un franc les derniers bouquets alors là non quand même ça pue trop dégueulasse un franc les violettes un franc une autre odeur une femme quel parfum maybe Number Five de ce vieil oiseau de malheur de Coco Chanel qu'est plus bonne qu'à vendre aux amerloques aussi vioques qu'elle rue du Cardinal Lemoine vent la Chope est-ce que je connais quelqu'un non les Cinq-Billards Brendan no he's not there where are you tonight dear Brendan un gamin un autre gamin eh mademoiselle défendez-moi donnez-lui une claque oh c'est trop fatiguant et puis je suis non-violente du moins j'aimerais l'être mais Dieu que ce n'est pas facile j'ai l'insigne du MCAA sur le sein gauche mais chut c'est pour cacher un trou du pull marin pourri que m'a donné Marianne les escaliers du Pot de Fer Michaël dit toujours pot de feu interdit de se servir des wc merci mais tous les amerloques disent toujours pot de feu manger quand même avec jolie Liz qui termine ses bagages elle est idéale pour faire des bagages et pour ranger en général terribly rationnelle et organisée bref typically américaine quoi mais c'est pas mal dadadadum dadadadum Peanuts happy Beethoven's birthday Liz elle salue une dernière fois le Pot de Fer mais tu reviens bientôt les trois coups de la Cinquième dadadadum dadadadum dadadadum dadadadum dadadadum dum dum dum j'aime l'escalier roulant de la station Monge on s'y sent planer dommage qu'il se soit arrêté pourquoi maintenant il y a des choses bizarres métro banc un homme c'est mignon pardon je dis c'est mignon votre ours oui je sais merci Liz la marque de sa valise Lark it was the nightingale and not the lark beau d'avoir des lettres alouette gentille alouette le métro ou ça endort ou ça fait réfléchir ce qui est important regarder regarder les anémones faire surgir des formes par des couleurs finir À la Recherche du Temps Perdu beau programme l'essentiel c'est de finir les choses finir quelque chose je ne sais plus qui m'avait dit ça dans une vie antérieure je déteste tout ce qui est avorté et j'avorte toujours mes rapports avec les gens par peur peut-être de ne pas encore être prête mais prête à quoi pour quoi ou pour qui l'essentiel ce serait d'avoir de la discipline comme faire le ménage le matin ou quelquefois le soir c'est vrai ou de faire la cuisine de temps en temps la cuisine pour les autres ou que sais-je encore mettre des faux cils le matin avant de sortir dans les rues c'est tout simple l'essentiel mais c'est une façon de me planquer Michaël est vraiment gonflé de penser qu'il vaut mieux savoir bien s'habiller que d'avoir des bons résultats universitaires c'est le Moyen âge ça Gare de l'Est couloir hostile sordide les gens qui partent qui reviennent quelle importance au fond voiture pour Zurich first class franchement j'ai été conne de ne pas partir hier mais ça aurait peut-être été un renoncement à moi-même et puis merde US go home hein David what do you think about that my friend Liz darling bye-bye see you next week and enjoy your journey un wagon de l'United States

Army oh non on n'en sort pas so long come back
sourire cheese the train has gone the end

mars 67 pot de fer - buci

le printemps approchait
il faisait beau sur Paris sur le Quartier
j'avais entendu les oiseaux pour la première fois
cette année en traversant le Luxembourg avec
Michaël pour aller à la Fac d'Assas et j'avais vu
l'arbre tout en fleurs roses devant l'église Saint-
Nicolas-des-Chardonnets

l'odeur de l'air bleu
le soleil entier à travers les branches encore
nues
il y a le vertige des rues de Paris le matin
souvent je pense en descendant la rue du
Cardinal Lemoine et que je vois loin là-bas les toits
étincelants de bleu qu'il faudrait pouvoir le dire à
quelqu'un et puis non peut-être que les toits
étincelants de bleu en descendant la rue du
Cardinal Lemoine le matin n'intéressent personne

le soir je suis allée à l'Olympia au concert de
Donovan
voix qui semble à chaque instant devoir se briser
un arrachement de cœur page du moyen âge en
velours purple et les accords d'une mélodie
élisabéthaine justifient sa silhouette les violons et
on croirait mourir on voudrait que jamais ne finisse
la nuit the harpsichord the fairy tale que jamais ne
finisse l'amour d'un petit garçon perdu éperdu
comme un souffle de vent il plane mouette sur le

soleil une fille crie I love you Donovan I love you too if you follow the sun through the valley of larms

petit prince émouvant échoué sur une plage inconnue

***

il y a eu mon anniversaire et ma fête en même temps poisson de mer

c'est Marianne qui me l'offre cette fête d'anniversaire de l'autre côté de Paris

elle a dit qu'au retour de Michaël on ferait un vrai repas avec des bougies et tout

pourquoi elle dit ça Marianne elle aime bien Michaël pourtant

mais elle dit toujours entre un type et une amie je choisis toujours la nana pas de problèmes aucun type ne mérite qu'on lui sacrifie une amie

elle doit avoir raison c'est peut-être pour son code d'honneur si particulier qu'on l'aime tant Marianne

ce matin en sortant dans le soleil de presque printemps j'ai trouvé cette carte de lui écrite de Gstaad tellement gentille

il regrette de n'être pas à ma fête galore

to Marine I would like to write a song about you

but you leave me speechless

et il a signé Bobby Dylan

je saute de joie

oh good grief life is marvellous life is great

***

mais Brendan

Brendan je l'espère sans trop savoir et chez Marianne je l'attends

Jean et Hélène sont venus très conjugalement bourgeois avec gâteau et bougies pour respecter la tradition

mais Brendan où est-il

il y a cet américain invité par Marianne et déjà vu à la crêpe-party du Pot de Fer beaucoup de problèmes lui aussi d'après Marianne qui s'y connaît toujours il est resté traumatisé par la mort de sa jeune sœur il y a un an il parle jamais il regarde les autres avec quelque chose comme un sourire ironique et caustique mais c'est peut-être seulement le demi-sourire bouddhique tourné vers l'intérieur

il est lui aussi à Paris depuis pas mal de temps et travaille à une thèse sur l'érotisme mystique mais l'érotisme mystique chez Miller dans Big Sur et les Oranges de Jérôme Bosch

c'est vrai que Miller est un grand mystique je ne comprends pas pourquoi il a fait scandale il est tout près de Dieu

et Brendan pourquoi Brendan vient pas

quelqu'un l'a vu au Buci tout à l'heure

peut-être j'ai mal compris et le Buci je sais pas où c'est

de toutes façons c'est loin

la soirée était finie et la fête aussi
on m'avait offert les derniers tomes parus en
livre de poche de la Recherche du Temps Perdu
qui me manquaient

***

cette nuit-là Brendan à jeun refaisait le parcours
de Saint-Denis portant sa tête dans ses mains

***

lundi six mars
j'ai rencontré Brendan en allant chez Gudule rue
Saint-André-des-Arts
il était au Buci ce Buci dont j'entendais si
souvent parler par Marianne et où je n'avais encore
jamais mis les pieds
Brendan venait d'y retrouver une jeune amie
américaine Lyane un peu magique disait-il un peu
bizarre semblait-il j'ai remarqué les vêtements de
Brendan
il m'a demandé de l'excuser pour mon
anniversaire
il y avait beaucoup pensé
il a expliqué que par humilité il avait refait le
parcours de Saint-Denis portant la tête dans les
mains toute la nuit sans avoir mangé
c'était évident voyons
il a dit aussi que j'étais une sorcière
j'ai compris qu'il ne se lavait jamais sans doute
par vœu
il avait sur lui un jeu de tarots
il étudiait les symboles des figures

entre autres le chapeau du bateleur la première
lame qui représentait le 8 couché de l'infini
ça je comprenais
le reste je suivais pas toujours
mais quelle importance

dans le soleil passaient deux personnes un
homme un vieil homme barbu que Brendan
connaissait et qui en me serrant la main longtemps
disait que j'étais une petite sorcière et une femme
quel âge impossible à définir visage rond de pleine
lune visage étrange en demi-sourire visage de
Bouddha béat
Brendan ne la connaissait pas
ce soir Brendan irait au Dôme à Montparnasse
comme chaque soir retrouver le vieil homme barbu
La Barraca astrologue télépathe

mais en attendant Brendan tenait lui aussi à
m'accompagner à mon cours à la Sorbonne cette
fois
sur le chemin je parlais peu
lui-même traversait de grands silences de
lumière
c'était fascinant ces correspondances qui nous
cernaient nous circonscrivaient

au cours il s'est endormi
j'ai eu une folle envie de rire toute seule un peu
hystériquement j'ai repris mes notes en lissant ma
robe-sarrau et en tirant la langue avec application

faut dire que ça n'avait rien de passionnant ce type là-bas qui parlait tout seul pour ses étudiants et quelques vieux plutôt clodos qui venaient là l'hiver amphi Richelieu se réchauffer au cours de Raymond Aron le lundi à cinq heures du soir à la Sorbonne

Brendan demi-clochard endormi me fascinait

je respectais son sommeil ne craignant qu'une chose c'est qu'il se mette à ronfler et que je ne puisse plus réfréner mon rire nerveux

dans le soleil il a bougé

sa tête tombait

celle qu'il avait portée dans ses mains la nuit de mon anniversaire

dans un mouvement d'où venait ce mouvement de quelle profondeur il s'est redressé a éructé comme s'il allait cracher et a reniflé

brusquement il était réveillé

oh je crois que je me suis endormi

il parlait comme la rose du Petit Prince

ou comme la tante Léonie de Proust

ou comme ma grand-mère de Bretagne prise en flagrant délit de sommeil quand elle prétendait n'avoir pu fermer l'œil de la nuit alors que ma crise d'asthme m'avait tenue éveillée et que je l'avais entendue ronfler des heures

***

il y a eu une autre fête au Pot de Fer un vendredi soir de cette même semaine quelque chose comme une sangria-party donnée par Penny une amie anglaise d'Anne qui habitait rue Gay-Lussac pas loin mais n'avait pas assez de place pour inviter ses amis chez elle

c'est dire si c'était petit chez elle

Brendan bien sûr était invité

il est venu avec Lyane la petite américaine à la très jolie voix

derrière Brendan est entré un grand type beau très beau indéniablement beau mais sans doute claustrophobe ou claustrophobic comme disait Lyane

quand il a vu cette pièce sombre avec tous ces gens inconnus assis par terre il a dû avoir peur

il restait coincé dans un espace de soixante-quinze centimètres à peu près entre la porte d'entrée et l'armoire et allait de l'un à l'autre d'un regard de bête traquée

quelqu'un lui a mis un verre de sangria dans la main mais au bout de dix minutes il avait disparu sans rien dire à personne

sa mère m'a dit Brendan

comme pour expliquer

ah bon

et Lyane chantait des ballades irlandaises et jouait de la flûte

elle aussi était originaire d'Irlande comme Brendan

***

Brendan de Saint-Louis Missouri

Brendan que j'ai vu tout-à-l'heure ce soir

Brendan que j'ai vu cet après-midi

Brendan que j'ai vu la nuit dernière

Brendan que j'ai vu jeudi soir

Brendan que j'ai vu mercredi après-midi

Brendan que j'ai vu lundi après-midi et lundi soir

Brendan que je n'avais pas vu pendant quinze jours

Brendan que j'avais rencontré dans le même café une semaine après et qui m'avait parlé de spiritualités indiennes chrétiennes et autres

Brendan que j'avais presque oublié et que j'ai retrouvé dans un autre café Dieu que j'aime les cafés

et depuis lundi dernier j'ai besoin je viens de le comprendre de le voir chaque jour et je viens de penser ce soir en quittant le café dans la rue sombre et pluvieuse de nuit que peut-être je suis en train de tomber amoureuse

mais je peux pas je dois pas il faut pas

d'abord parce que son seul but est de réaliser Dieu

c'est à cette seule condition qu'il pourra écrire sa thèse et trouver l'amour suprême en Dieu

et j'ai pas le droit de le gêner dans ses recherches

Brendan il m'aime bien parce que tous les trucs qui l'intéressent ça m'intéresse aussi

ou ça m'a intéressée durant mes crises
délirantes où je cherchais mon souffle vital et où je
me sentais au bord de l'insondable
Brendan connaît lui aussi ces périodes de
déchirement où seule une méditation désincarnée
et détachée est possible
pour lui je suis une petite madone
une vierge quoi
mais il y a cette recherche de Dieu s'il existe
dans laquelle même si Dieu n'existe pas je n'ai pas
le droit de m'immiscer

***

Liz un soir est revenue d'Italie toute heureuse
toute enthousiaste toute jolie toujours
un lundi midi passant devant le Buci avec elle je
me suis arrêtée
Brendan était à la terrasse au soleil
il y avait Lyane aussi je ne la connaissais pas
encore très bien
et Brendan m'intimidait encore beaucoup
près de lui une jeune femme épanouie un peu
trop maquillée lisait le Matin des magiciens de
Louis Pauwels
elle s'appelait Ava

quand elle s'est éloignée Brendan a dit qu'elle
était la déesse de la fécondité
elle était enceinte

elle se tenait très droite et blanche
sous un chapeau de feutre noir à larges bords

le ventre sanglé dans un manteau noir trop court
je savais pas vraiment si elle était belle
cette symphonie prégnante en noir et blanc

ce soir-là Brendan devait partir à Stuttgart se
faire examiner par l'armée américaine qui allait
peut-être l'incorporer et l'envoyer au Vietnam
il fallait pas quitter Brendan

Brendan ne me quittait pas
après-midi lente et brève où nous parlions de
tout de rien et de l'essentiel
il m'emmenait loin au fond du boulevard Saint-
Germain dans une boutique bizarre où une petite
dame à cheveux gris fragile et forte vendait des
produits de santé et la Bhagavad-Gita
son chat connaissait Brendan
ensemble ils parlaient du Rig-Veda

nos recherches dans les petites librairies
ésotériques de la rue de la Huchette et de la rue
Gît-le-Cœur d'un livre sur les symboles des tarots
comparés aux vitraux du Moyen Âge un livre que
peut-être Brendan aurait dû écrire

et la soirée s'étirait autour d'une table au Buci
Liz avec moi

un type ressemblait à Anthony Quinn et nous
disait
je fais la cascade au cinéma

seul existait Brendan que Lyane et moi ne quittions pas des yeux

il faut prier pour Brendan
il faut faire une méditation pour Brendan
pour que Brendan revienne de Stuttgart
pour que Brendan ne parte pas au Vietnam
prions pour Brendan

oui journée de méditation pour Brendan
d'abord pendant le yoga du matin assise en lotus les mains ouvertes offertes sur les genoux mais Dieu c'est pas si facile de maîtriser ce foutu esprit qui se barre de tous les côtés comment ils font les gens évidemment je sais bien qu'on ne médite pas du jour au lendemain
ce qui m'émerveillait dans cette nouvelle de Salinger Teddy c'était ce petit garçon génial qui méditait le matin
c'est tout simple il suffit de penser Brendan Brendan Brendan et de repousser toute autre idée toute autre image

après-midi accablante et lourde au Buci
je sèche mes cours pour mieux me concentrer
je pense à Brendan Brendan Brendan
Lyane aussi est venue elle aussi pense à Brendan Brendan Brendan
cet après-midi elle venait de faire la lessive chez lui
elle disait que seul Brendan avait de l'importance pour elle

parce qu'elle était tombée en amour avec lui

derrière la vitre sur le trottoir un type très beau
s'est arrêté
impression de le connaître
il a fait un signe à Lyane
oui c'est Alexander le bel Alexander l'étrange
Alexander l'inquiétant Alexander l'attirant Alexander
qui s'était sauvé du Pot de Fer l'autre soir
il est passé seulement sur une ébauche de
sourire retenu

***

ce soir encore fête au Pot de Fer en l'honneur
du départ de Liz pour New-York pas très nombreux
pour une fois et calmes comme si tous attendaient
la venue du Messie ou le retour de Brendan qui
semble impossible du moins pour ce soir
Marianne s'est renseignée
il n'y a pas de train en provenance de Stuttgart
maintenant

Lyane est arrivée en boitillant dangereusement
elle s'est foulé le pied
Jean étudiant en kiné venu bien sûr avec
Hélène se propose pour la soigner
avant d'accepter elle s'inquiète de son signe
zodiacal
il est Poissons
ah ça va elle n'aurait pas voulu d'un Scorpion
les Scorpions lui sont néfastes
il la masse et veut lui mettre du Synthol

elle refuse elle préfère la magie elle dit qu'elle
est un peu sorcière et qu'elle va se guérir toute
seule

***

pendant ce temps-là assis à sa table du Dôme à
Montparnasse La Barraca sentait qu'il était arrivé
quelque chose à Lyane
c'est ce qu'il a dit le lendemain en apprenant
l'histoire

***

ce soir-là aussi j'ai rencontré Christine
une petite fille est entrée au Pot de Fer invitée
par Marianne et Dieu que son petit visage de petit
canard était joli d'où venait-elle c'était compliqué
elle avait fait scandale en laissant son mari militaire
à Nouméa et s'était enfuie à Paris avec son bébé
ne supportant plus la vie avec son mari là-bas
Christine surprenante émouvante elle
m'entourait m'enveloppait m'embrassait dans le
cou
j'avais pas l'habitude
Hélène était toujours tendre mais pas si proche
malgré moi je frissonnais elle ne me connaissait
pas depuis trois quarts d'heure qu'elle susurrait
déjà à mon oreille
tu me plais tu sais tu fais tellement jeune avec
tes rubans dans les cheveux et ton col blanc ta
robe est adorable tu as de la chance tu peux
t'habiller court
mais toi aussi pourquoi pas

oh moi tu sais j'ai eu un enfant ça m'a quelque
peu déformée

ce visage tellement pur si près de moi elle
semblait avoir quatorze ans insinuante
envahissante cherchant avidement les autres

***

ce soir-là Lyane a dû rester dormir au Pot de Fer
avec nous elle qui voulait malgré sa patte folle aller
au Dôme parce que elle le savait Brendan allait
revenir
moi aussi je le sentais ou je le souhaitais
mais les personnes censées si on peut dire que
Marianne est une personne censée ayant décrété
qu'il n'y avait pas de train arrivant de Stuttgart ce
soir Lyane s'était calmée et avait fini par accepter
de dormir ici
par terre puisque nous étions déjà trois dans le
lit

nous dormions depuis quelques temps déjà
quand on a frappé à la porte

c'était Brendan

on n'avait pas voulu de lui pour le Vietnam
faut dire que ça faisait longtemps qu'il ne se
lavait plus et quand on l'a fait se déshabiller pour
l'examiner le sergeant horrifié a dû ouvrir la fenêtre
disant en se bouchant le nez
this man is a skunk

il était sauvé

Dieu merci Brendan était trop branque pour l'US Army
il était donc revenu plus tôt que prévu
il paraît qu'au Dôme juste avant son retour La Barraca pour la deuxième fois ce soir-là s'est levé brusquement en sentant que Brendan allait revenir
c'est La Barraca qui venait de lui dire de passer ici tout de suite parce qu'il avait dû se passer quelque chose pour Lyane

rassuré Brendan s'en est allé après nous avoir saluées

cette nuit-là encore Lyane nous a réveillées
elle avait inondé ses draps de sang
j'ai trouvé bizarre qu'une sorcière puisse aussi avoir ses menstrues comme elle dit

***

le lendemain matin en descendant la rue du Cardinal Lemoine
Lyane dit
oh c'est beau

j'en frémis
et je me tais
peur d'abîmer notre complicité
peur que ce ne soit pas la même simplicité

mais elle est peut-être vraiment sorcière cette
fille
elle-même l'a dit hier soir
I know I'm a little witch

mars 67 du côté du buci

maintenant je rencontrais Brendan chaque jour
toujours par hasard
mais y a-t-il un hasard
ni lui ni moi ne le croyions
il m'emmenait à la Bibliothèque Mazarine où il
passait ses après-midi
travaillant à sa thèse
lisant les œuvres de Clément d'Alexandrie ou de
Denys l'Aréopagite
dans le texte
soit en latin soit en grec

il m'avait fait prendre une carte pour que je
puisse revenir travailler avec lui dans cette
bibliothèque fabuleuse à l'ombre de la coupole des
Immortels au-dessus de la Seine qui coulait
inéluctablement
parfois en arrivant nous ne trouvions pas deux
places l'une à côté de l'autre
je le voyais de loin derrière sa barricade de
livres car il empruntait à chaque fois l'œuvre
complète soit de Clément d'Alexandrie soit de
Denys l'Aréopagite selon les jours
avec les pages avec les heures il s'échauffait il
se délivrait d'un pull de deux pulls de trois pulls
alors un voisin deux voisins trois voisins
s'éloignaient parfois plus et je m'étais déjà
rapprochée

par les hautes fenêtres le soleil se coulait sur la table s'adoucissait autour des livres jusqu'à Brendan

Brendan rajustait sur le nez ses lunettes cassées consolidées au sparadrap et sans le savoir transluminait la salle au-dessus de l'eau

désincarné presque diaphane

présent par sa seule odeur

parfois en sortant nous assistions à la parade des académiciens entrant en séance du jeudi avec leurs uniformes leurs épées et les tambours des gardes anachroniques

***

nous passions nos soirées au Buci

je regardais Lyane avec émerveillement

elle créait autour d'elle des zones de silence

elle commandait toujours un p'tit blanc sec

puis elle sortait un crayon une feuille de papier et appliquée elle dessinait des tas de trucs bizarres genre allégories du Moyen Âge

un soir elle avait intitulé un dessin mère canard et avec son accent irrésistible c'était devenu meurceuneurde

elle dessinait souvent sans rien dire

peu à peu elle dégageait sans le savoir du moins je le croyais ou je l'espérais des cercles d'ondes

on la regardait

soudain elle éclatait de rire de ce rire clair
cristallin très bien placé qui emplissait la salle du
café
elle riait comme elle chantait
et on s'arrêtait surpris un peu enchanté
elle jouait avec ses mains par petits gestes
comme sur les statues hindoues c'est le trop bel
Alexander qui lui avait appris ça en rentrant des
Indes
toutes les deux nous voyions une aura autour de
Brendan
jaune safran couleur de la philosophie

un jour j'ai insisté pour que Jean examine à
nouveau son pied foulé
mais Lyane a dit
je sais ce qui me soigne le mieux
c'est un petit peu de haschisch

***

j'ai connu des gens
John un soir où je lisais un livre sur le Bouddha
Benoît agressif et intrigué en face de Lyane
Alexander aussi presque chaque soir je le
voyais mais lui ne me voyait pas il pouvait rester
assis deux heures à la même table que Brendan
mais moi il ne me voyait pas
Lyane disait qu'il ressemblait à Vivekananda
enfant

un soir je remontais la rue de l'Ancienne
Comédie

il faisait froid on marchait vite

j'ai vu venir vers moi une jeune femme très jeune légère dans un manteau noir très droite sous un chapeau noir incliné des longues jambes dépassant de la robe courte sa main balançait délicatement du bout des doigts un petit sac à chaînes

elle ressemblait à une petite fille sortant d'un cours de danse

la démarche souple rapide sans poids comme éthérée elle s'approchait

j'ai vu alors qu'elle était enceinte

quand elle est arrivée près de moi je l'ai reconnue

c'était Ava la brésilienne rencontrée au Buci

ce soir-là j'ai décidé de l'aimer inconditionnellement

comme Hélène Anne Marianne mon petit frère ou Brendan

***

Brendan me purifie me sensibilise
en m'offrant des correspondances inépuisables
en sa présence je deviens intangible
je flotte entre ciel et terre
peut-il m'aider à me réaliser
par son rayonnement de divinité

***

hare Krishna hare Krishna Krishna Krishna hare
hare hare Rama hare Rama Rama Rama hare hare

we humbly request you to repeat this mantra and
your life will be sublime

qu'est-ce qu'on leur fait pas croire aux
amerloques

***
mon chat est mort
Osiris mon chat doux et gris est mort
pour me consoler
je tiens au creux de ma main
une pierre ma pierre une aigue-marine
cette aquamarine me vient de Brendan
aquamarine offerte pour mon anniversaire
avec un peu de retard
comme s'il avait su
elle est bleue et verte et claire
comme la mer
comme les yeux de Brendan
avec la même pureté couleur d'ailleurs

mon chat est mort
juste avant que Brendan le connaisse
il m'attendait sur le trottoir au pied des sapins
quand j'arrivais de Paris
il m'accompagnait dans l'allée du jardin
en ronronnant furieusement de l'avoir
abandonné toute la semaine
le matin il appelait derrière la porte
et toute la journée il méditait sur mon lit
pendant que je travaillais devant la cheminée
mon beau Sphinx accroupi

j'ai souvent pensé qu'il m'aidait à travailler
c'est la première fois que je perds par la mort un
être vivant proche
c'était mon chat
mais possède-t-on jamais un chat

demain Brendan vient ici
cette mort
imprévue imprévisible impossible
doit représenter
je ne sais quoi
peut-être un renoncement
ou un nouveau départ
la fin de l'attachement
la première vérité du Bouddha vers le chemin du
nirvana
refuser les liens affectifs pour se délivrer de la
douleur

mais je sais pas si j'ai vraiment envie d'être
délivrée de la douleur
et de l'attachement

***

Michaël est rentré de Suisse
je m'en fous
finalement c'est pas encore avec lui que je ferai
l'amour
mais c'est dommage Marianne s'arrange
toujours pour être malheureuse à cause des types
elle a beau s'en défendre c'est plus fort qu'elle

d'abord elle les amène au Pot de Fer parce
qu'elle n'est pas jalouse du moins elle le dit
puis comme ils veulent presque toujours rester
elle devient un peu agressive plus cassante
elle s'enferre et elle insiste
et moi je sais plus quoi faire
parce qu'au fond j'ai peur de l'inconnu des mecs

seul Brendan me rassure

mais aujourd'hui je n'ai pas retrouvé mon chat
hier j'ai donné trois francs à Brendan pour qu'il
puisse prendre le train
et venir ici
avec Lyane si elle veut bien sûr
je ne suis pas jalouse non plus
après tout nous l'aimons toutes les deux
nous sommes tombées en amour avec Brendan
trois francs c'est pas beaucoup mais il n'a rien et
c'est tout ce que j'avais

ils se sont rencontrés à la gare du Nord
Brendan était seul
Marianne était avec Michaël
elle connaissait le chemin jusqu'à la maison
Jane aussi était là elle a laissé le bébé à son
père
sweet Jane Calamity Jane
Queen Jane approximately

je n'ai pas encore parlé de Lady Jane

il est vrai que ces trois derniers mois elle était à Londres

Jane avait habité chez mes parents à Saint-Leu au début de son séjour en France

elle était supposée suivre des cours à la Sorbonne

mais en fait elle était cover-girl d'une agence de mannequins

elle était entrée comme une tornade dans nos vies et nos cœurs avec son besoin d'être aimée et sa chatte siamoise qu'elle faisait sauter au plafond qui était folle et cassait tout

Jane et son manque total de sens du temps qui nous énervait souvent

Jane qui prenait son bain à midi quand nous passions à table avec nos invités

qui descendait les cheveux pleins d'huile parce que c'est bon pour eux n'est-ce pas quand nous en étions au dessert

Jane qui s'excusait si adorablement qu'on pouvait pas lui en vouloir avec son sourire fondant comme un bonbon anglais

Jane déconcertante qui nous forçait à l'aimer

Papa avait pour elle ce regard silencieux où brillait le bleu

ce regard qu'il a quand il se passe quelque chose à l'intérieur

Jane disait qu'elle avait été élevée en Cornouailles anglaises et elle nous aimait de former une famille vraiment keltic

Jane somptueuse de naturel avec ses complexes et ses craintes de ne pas être aussi belle que les autres mannequins

Jane et ses angoisses métaphysiques

Jane qui n'arrivait pas à garder un vernis à ongles plus de cinq minutes

Jane qui ne voulait pas faire l'amour

elle rentrait tard les nuits après les séances de photo démoralisée

le photographe il a voulu dormir avec moi

je comprends pas pourquoi ils veulent toujours dormir avec moi

Jane qui était belle et ne le savait pas

un an plus tôt je l'attendais chaque soir

quand elle arrivait elle ouvrait le gros livre des œuvres complètes de Shakespeare en anglais

elle lisait pour moi de sa diction précise et claire d'anglaise cultivée

elle commentait à pleine vie un sonnet une phrase tout ce qui lui tombait sous les yeux

nous oubliions au creux des nuits tous nos désespoirs

Jane aimait Maman

elle lui disait j'ai besoin de toi vous savez madame Kermen je sais que je suis hysteric et neurotic mais c'est pas ma faute

Maman se laissait émouvoir heureuse de pouvoir aider quelqu'un

ne comprenant pas trop mais tolérante

plus tard Jane l'appelait de Paris quand ça
n'allait pas avec son mec ou qu'elle avait perdu sa
chatte ou qu'elle était trop désespérée tou me
manques vous savez madame elle disait
et Maman la consolait la conseillait

elle était venue avant Noël
juste avant de partir accoucher à Londres
un peu déprimée se sentant laide sous son
ventre
alors elle n'avait peut-être jamais été aussi belle
dans sa robe ultracourte de Mary Quant au ras du
ventre qui lui faisait des jambes longues et fines

Jane qui dansait comme personne sur une
musique de Bob Dylan
éblouissante dans son amplitude
à quelques jours de son accouchement
elle a d'ailleurs accouché en sortant de chez
Annabella's
après le réveillon du 1er janvier

Jane qui désespérait de vivre
qui disait toujours il faut que je m'organise
mais n'apprenait pas le temps

aujourd'hui Jane venait voir Maman

Maman fait souvent des repas chinois
pourquoi on n'en sait trop rien
elle pourrait aussi bien faire des crêpes
elle en fait d'ailleurs

mais le repas chinois c'est sacré
de lointaines origines orientales peut-être
tout un rituel qui n'arrive que deux ou trois fois
par an
être invité aux repas chinois de ma mère est un
privilège

***

Brendan n'a pas beaucoup parlé
tout-à-l'heure je l'ai observé à travers la fenêtre
du salon
cette nuit le vent avait du souffle une pluie forte
était tombée
Brendan caressait la pluie sur l'écorce de l'if
et passait lentement ses mains sur le visage
cueillant le ciel sur les branches

Brendan couleur de mer
odeur des arbres
c'était ça
l'odeur de Brendan
une odeur de racines de sous-bois après la pluie
une odeur d'arbres en décomposition
une odeur de champignon d'humus de terreau
de forêt

comment n'avoir pas compris plus tôt
la mort à soi-même
avant la renaissance

sous les arbres au creux de la terre la graine
germait

je la cherchais
comme un ailleurs
et Brendan religieusement calme sous la pluie
fine
ouvrait son cœur au vent

dans le jardin j'ai rencontré la chatte douce et
grise mère d'Osiris
Jane est venue me chercher
les autres partaient se promener dans les
champs non loin de la maison

Michaël m'a attendue pour me consoler de la
mort du chat
il a dit que je retrouverai Osiris dans un paradis
des chats
il a dit que lui aussi était un gros chat et qu'il
savait ronronner

Jane m'embrassait comme son bébé en
chantant la comptine
this little piggy went to market
this little piggy stayed at home
this little piggy had roast beef
this little piggy had none
and this little piggy wi wi wi wi wi
tout le monde connait ça
mais dit par Jane ça me fait toujours rire
c'est en lisant Dylan Thomas sur les routes
hitchiking l'an dernier que j'ai appris ça dans Under
Milk Wood à la page huit de ma chère édition
Penguin

le vent soufflait sur la plaine lourde de nuages

Brendan ne parlait pas
Marianne me surveillait
Michaël s'en foutait
je me demande s'il aime vraiment les femmes
Marianne tombe toujours sur de drôles de numéros souvent pédérastes ou impuissants
un des derniers c'était un urbaniste il n'aimait que les jeunes garçons mais il avait des pieds magnifiques longs minces racés et Marianne avait été séduite
il était brillant et intelligent comme tous les américains que nous amène Marianne
il aimait arpenter les rues de Paris à pied
il disait que c'était le seul moyen pour sentir la ville en palper le tracé et en comprendre les échanges
c'est lui qui disait aussi
Marianne is a plain country girl
belle et noble expression
elle aime bien leur servir de mère
à chaque fois elle se dit qu'elle s'en fout
puis quand ils partent elle reste stupidement malheureuse toute la matinée qui suit leur départ assise seule à une table des Cinq-Billards griffonnant pour elle seule des notes incompréhensibles au crayon rouge
elle s'en veut d'être comme ça aussi accueillante aussi hospitalière
chaque fois c'est la dernière fois

mais trois mois ou trois ans plus tard ils écrivent
et de nouveau elle les attend
elle rouvre sa porte son cœur ses mains et sa
douleur toujours latente

Brendan ne parlait pas
il ressemblait à Chaplin dans le Cirque dans
l'Émigrant dans le Kid
non il ne ressemblait à personne
ou alors aux personnages de Beckett
il attendait non pas Godot mais Dieu
avec sa tête de juif errant
les yeux enfoncés tellement clairs
le bonnet jusqu'aux sourcils pour sertir le regard
la moustache en défense
la silhouette déglinguée avec ses vêtements
posés là pas par hasard mais par respect du don
de Dieu en arrêt du temps sinon de l'espace
circonscrit par l'odeur
odeur du temps brin de bruyère
réminiscences
son prénom d'écrivain irlandais
d'où venait-il
certains prétendaient que par son père réfugié
juif de Sibérie il descendait de Raspoutine
grimace de Dragon
sa mystique venait-elle de Raspoutine
inquiétude statique du regard à la recherche des
autres
dans un coin d'inconscience il y a encore
quelque part un espoir de rencontres au hasard
seulement le hasard ça n'existe pas

Brendan ne refusait jamais rien

Michaël avait une position à l'opposée de celle de Brendan
il était à l'aise dans la plénitude de son corps et possédait tout l'espace qui lui était imparti de par sa dimension corporelle pléthorique et sa situation sociale de juriste international et de jeune écrivain politique prometteur
le mythe Kennedy marchait encore

Brendan on ne savait à travers son aura où commençait son corps ascétique ni où il finissait
ni même s'il avait un corps sous l'épaisseur des vêtements empilés religieusement et auxquels une fois qu'ils les avait enfilés il ne touchait plus

Brendan a couru dans le vent sur la plaine
il a enfoncé un peu plus le bonnet sur les yeux a resserré les deux ou trois cache-nez enroulés ce jour-là autour du cou a remonté jusqu'aux hanches le bas de son imperméable était-ce un imperméable ou un manteau au fil des temps et des fatigues on ne voyait plus très bien parce que ses poches étaient bourrées de livres d'objets bizarres de jeux de tarots d'un tas de symboles qui constituaient son univers et qui risquaient de s'évanouir dans la course

Brendan ne refusait jamais rien
il ne jetait rien non plus

j'ai su plus tard qu'il avait même gardé les jonquilles fanées qui m'avaient été offertes le jour de mon anniversaire

il serrait contre lui ses trésors et courait autour du tas d'immondices dans la plaine près du bois le long des épandages communaux les pieds épars dans ses godillots évasés silhouette de pantin désarticulé
nous l'acceptions tous tel qu'il était
cassé invraisemblable différent
toujours calme et serein sur les chemins tortueux de la sagesse et de la sainteté
si un saint est celui qui nous donne le sentiment de toucher du doigt quelque chose de plus grand alors Brendan était un saint
si un saint est celui qui humblement veut regarder Dieu en face alors Brendan était un saint

il ne refusait jamais rien
pour atteindre Dieu
pour attendre Dieu
ou Bouddha

mais le Bouddha compatissant pouvait-il encore rester éveillé dans son nirvana devant les déchirures du Viêt-Nam qui nous préoccupaient tant

Brendan disait
je ne juge pas
Dieu ne m'a pas mis au monde pour juger

jamais je n'ai entendu de sa bouche une seule
critique une seule remarque désobligeante sur
autrui
c'était parfois agaçant cette sérénité ce manque
de justification que je quêtais auprès de lui
un jour un seul et déjà je l'avais perdu il a osé
me dire
je n'avais aucune estime pour ce type mais
comme tu l'as choisi je consens à le respecter et à
l'appeler Nigel
un jour un seul

il regardait les autres en transparence
il ne les jugeait pas il les aimait
il disait je suis humble et pauvre
il l'était c'était sa noblesse
le Bouddha compatissant était proche et loin

Brendan était catholique dans un pays
catholique
en France il aimait le vin rouge
Brendan était orthodoxe dans un pays
orthodoxe
en Grèce il buvait le raki

en partant il a dit à Papa
kenavo
il avait appris quelques mots de breton avec les
patrons du Buci

et j'ai vu chez mon père jusque-là méfiant de ce demi-clochard s'allumer l'œil couleur d'Atlantique signe d'acceptation

***

le lendemain nous avons encore fait une Pot-de-Feu-party avec Marianne Michaël Lyane et Brendan pour fêter le départ de Michaël à Londres et nourrir un peu Lyane et Brendan

Michaël savait vivre il pensait à apporter le vin
vu son standing c'était d'ailleurs normal
pourtant ce vin-là il ne l'avait pas acheté dans une épicerie fine mais suprême exotisme dans le troquet pourri du coin de la rue Mouffetard où les consommateurs hommes et femmes étaient bourrés dès dix heures du matin
notre voisine du dessus y passait ses journées avec son chien qu'elle insultait en rentrant à chaque marche trébuchée dans l'escalier
Michaël aimait le vin mais pas les navets de notre sacro-saint pot-au-feu sans viande

Lyane était très agressive avec lui
ils se parlaient en américain je comprenais pas tout mais elle avait l'air de lui reprocher sa vie friquée son mode de vie son idéologie

Brendan ne disait rien il ne jugeait pas
la lutte des classes n'était pas un problème pour lui

ça l'effleurait pas ou alors c'était résolu à son
échelon personnel puisqu'il traversait tous les
mondes en restant lui-même
clochard céleste
vagabond glorieux

il avait d'autres préoccupations
comme celle de ne pas pouvoir dépasser en
yoga le chakra du plexus solaire
il disait admiratif qu'Alexander était arrivé
beaucoup plus loin que lui dans l'étude du Yôg
mais que lui ne parvenait pas à faire monter sa
Kundalini au-delà du plexus solaire c'est-à-dire du
chakra Manipoura
il disait c'est à cause de toi
je comprenais pas

Michaël partait à Londres le lendemain pour le
travail
après il allait aux Bermudes pour les vacances
il a dit qu'il m'emmenait mais qu'il fallait que je
marrie lui
j'ai bien ri

Marianne m'a fait une scène parce que je
partais à Londres trois jours plus tard moi-aussi et
que je demandais à Michaël s'il voulait bien venir
m'attendre à Victoria Coach Station à l'arrivée du
car
parce qu'elle aussi allait à Londres passer les
vacances de Pâques et qu'elle voulait y voir
Michaël

elle m'a reproché d'y aller à cause de lui

alors j'ai répondu qu'on pouvait lui reprocher la même chose et que moi ça faisait trois mois que j'avais décidé d'aller à Londres depuis Noël oui parfaitement pour voir les boutiques et les robes et tout et que ça faisait assez longtemps que Jane m'invitait à aller chez sa mère et j'avais mon billet depuis un mois déjà et que d'ailleurs j'y allais à Pâques pour faire la Marche de la Paix na

Michaël il était pas fou il a pas pris parti
mais Marianne m'a quittée furieuse
peut-être triste
moi aussi

Brendan s'est retiré après m'avoir baisé les pieds
comme d'habitude

***

j'avais un cours de sociologie politique à Censier
je n'y étais jamais allée
cette après-midi là j'ai encore traîné au Buci au lieu de m'y rendre
assise le front calme en apparence l'œil en alerte guettant le premier visage connu qui se profilerait derrière la vitre
attendant Brendan
prête à émettre des ondes pour le capter
Lyane était avec moi elle buvait son p'tit blanc sec
elle m'angoissait un peu

alors est arrivé en dansant comme s'il traversait
sa vie un grand type noir
    un chapeau tyrolien penché sur le crâne
    une fleur rose à la boutonnière de la veste
    Lyane le connaissait
    c'était Fire Gin lui aussi ami de Brendan

    je le connaissais de vue
    l'année dernière les vendredi soirs aux Poetry-
Readings de George Whitman à la librairie
Shakespeare and company je l'avais entendu dire
ses poèmes avec son copain Ted Joans qui avait
écrit The Hipsters et portait souvent un béret noir

    je me rappelais surtout le soir de l'Independance
Day
    après le sit-in du MCAA devant l'ambassade
américaine avec des provos d'Amsterdam des
anarchistes espagnols et des beatniks français
nous nous étions retrouvés chez George pour
écouter Langston Hugues le grand poète noir
    sa bonne tête de bon vivant simple de sa
plénitude
    ses poèmes si beaux
    Ted Joans improvisait à la trompette

    je me souvenais des poèmes de Fire Gin
allégories fœtales qui me faisaient maintenant
penser aux peintures de Philibert depuis qu'il a fait
le bébé avec Jane

Fire était heureux que je me souvienne de cette soirée

Langston Hugues était mort le mois dernier

he was a good man répétait Fire

he was a good man

I miss him very much

yes I miss him

il m'a invitée à dîner

curieusement j'ai accepté

peut-être parce que Brendan n'était pas là ce soir et que Fire parlait beaucoup de Brendan alors je me sentais à l'abri

Fire était grand il était vivant il disait des tas de choses simples évidentes

il était de Trinidad

sa voix chantante me rappelait Harry Belafonte chanteur de mon enfance à Londres

dans le taxi je lui ai montré ma pierre parce qu'elle est comme les yeux de Brendan

j'ai dit que je pouvais pas vivre sans mon aquamarine

il parlait de ses poèmes et de moi

il m'emmènerait sur la mer jusqu'aux West Indies et me présenterait à son père

peut-être je comprenais pas tout mais j'ai compris qu'il me mettrait a ring autour du doigt à condition je crois bien que je tape ses poèmes à la machine pour qu'il publie ses étranges idées j'ai pensé qu'il valait mieux attendre demain pour ne plus y penser et d'ailleurs on était arrivés

dans un immeuble très chic

chez un grand noir américain tiré à quatre épingles qui dessinait des modèles de chaussures pour une marque de New-York

Steve faisait merveilleusement la cuisine

ses boulettes de viande au curry avaient l'odeur et la saveur des séjours à Londres chez nos amis sud-africains d'origine pakistanaise de notre enfance ça aussi avait un relent de déjà plus nostalgique comme la voix d'Harry Belafonte

après le repas Steve s'est excusé et s'est retiré au salon pour terminer la série de dessins qu'il aurait dû expédier à New-York depuis trois semaines

dans la cuisine encombrée de vaisselle sale Fire ne me laissait pas en paix

je voulais faire la vaisselle qu'elle drôle d'idée il disait

il m'a attirée sur ses genoux comme un bébé me berçait me parlait

je comprenais pas tout mais j'ai compris quand il a dit open your legs baby

je ne savais plus être

il avait de grandes mains open your legs baby please

j'ai peut-être même dit encore I must wash the dishes

quelle drôle d'idée really

la cuisine était petite la chaise sur laquelle nous étions aussi

sa main s'allongeait sous ma robe courte et ses doigts ses doigts terriblement longs et durs me pénétraient

je savais plus qui j'étais ni ce que diable je pouvais bien faire là au milieu des plats avec les jambes ouvertes

please oh no please

la chaise étroite ma précarité sous le doigt impératif qui me forçait dans mes retranchements je n'existais plus que par ce doigt au fond de moi

open your legs baby be a good girl

j'ai fini par en avoir marre de cette cuisine étroite

je me suis relevée j'ai baissé ma jupe je suis sortie de la cuisine

dans le salon Steve dessinait toujours nerveusement

il était tard je voulais rentrer et Steve semblait soulagé de nous voir partir

Fire Gin n'avait plus d'argent pour prendre un taxi alors nous sommes rentrés by tube

à la correspondance d'Opéra il n'y avait plus de métro

nous avons dû marcher de l'Opéra au Pot de Fer en passant par le Palais-Royal et par l'Odéon où il m'offrait un dernier pot au Buci

juste avant la fermeture dans l'odeur de la sciure

Fire me parlait de nos signes respectifs

comme il était Lion et représentait le feu

comme j'étais Poissons et représentais l'eau
pour que l'eau n'éteigne pas le feu
ou pour que le feu ne fasse pas bouillir l'eau
il fallait un troisième élément
air ou terre
un baby
il voulait me faire un baby
en toute simplicité quoi

je commençais à fatiguer
d'ailleurs Brendan était aquarius air ça me
suffisait
Fire parlait de sa femme
ah parce qu'il avait une femme
qui comme par hasard était Poissons
mais morte
et il avait aussi un petit garçon qu'elle lui avait
laissé en mourant
qui était sûrement Verseau ou Gémeaux ou
Balance

Fire poursuivait sa danse ou son rêve à travers
les rues
parce que c'était le printemps
et j'étais ivre de nuit et avide de sommeil

il était trois heures du matin quand j'ai réussi à le
convaincre qu'il ne fallait pas monter au Pot de Fer
à cause d'Anne qui détestait être réveillée en pleine
nuit car elle est obligée de se lever tôt le matin pour
aller travailler

elle est la seule d'entre nous qui a un travail à
peu près régulier
il m'a donné rendez-vous au Buci vers une
heure de l'après-midi

***

à deux heures je m'étirais vers le Buci
je crevais de peur
j'étais réveillée enfin
nuit nightmare

souvenir de ses doigts au fond de moi

je devais voir Brendan
Brendan me sauve de tout

il m'attendait
il m'a emmenée très vite
il faisait beau ce jour-là
vers les quais de la Seine
besoin d'être rassurée pour ne pas déjà grandir
des mains dans mon ventre avaient violé mon
indépendance
je veux rester comme avant
j'ai rien dit à Brendan je crois qu'il savait

le long de la rue de Seine passant près de la
Coupole immortelle
il me guidait vers les quais près de l'eau dans le
soleil
toute l'après-midi assis sur la pierre chaude
les visages les mains ouverts au rayonnement

parlant de rites
d'adoration du soleil
en oubli du temps
en oubli de Fire Gin

les voitures passaient
je regardais ses chaussettes assoupies sur ses
godasses
je constatais les trous dans son manteau râpé
j'étais propre j'étais toujours propre en blanc et
rose tendre

Brendan ne me touchait jamais
sauf pour me baiser les pieds
et parfois en traversant une rue
il me prenait délicatement le coude pour me
guider
mais sa main me serrait à peine

ma pierre jouait entre nous deux

ses yeux dans le soleil au-dessus de l'eau
oubliaient les passants du Pont-des-Arts
silence à l'ombre de la Coupole qui grandissait
sur nous

***

Brendan ne m'a pas quittée

à notre retour au Buci Fire Gin était là

il s'est excusé de n'être pas venu au rendez-
vous il avait passé la fin de la nuit à marcher dans
les rues
au matin il s'était couché jusqu'à l'après-midi
je n'avais plus peur
Brendan était là il ne me quitterait pas

tout le monde était la aussi
Lyane c'était sa dernière soirée demain elle
repartait à New-York
elle disait qu'elle reviendrait que c'était
seulement pour enregistrer un disque
dans un mois elle serait ici de nouveau
on ne l'a jamais revue
elle m'avait laissé le coffret des poèmes de
Dylan Thomas enregistrés par lui à la fin de sa vie
éthylique aux États-Unis en 1953

John avec ses grimaces étranges comme s'il
n'était pas à l'aise dans sa peau

Benoît toujours un peu agressif

mais surtout
et elle me fascinait
Ava
sa peau blanche ses cheveux noirs relevés en
tresses de petite fille
une robe de bébé avec des smocks et des
manches ballon
ses bras minces et blancs émergeaient comme
des roseaux

je voudrais vous habiller
mais je pars demain à Londres
le bébé naîtra quand
dans même pas deux mois
vous m'attendrez
elle avait cet immense sourire qui attirait tous les
hommes un sourire qui venait du fond du ventre et
qui les méprisait
Brendan s'inclinait toujours devant elle
elle recevait hiératiquement tous les hommages

Alexander aussi était là
Lyane lui a demandé pourquoi il ne me voyait
pas et ne me disait jamais bonjour
il a dit que je faisais le cinéma quand je le
saluais à l'indienne
j'avais appris à saluer à l'indienne à Londres
quand j'étais petite
j'aurais jamais pensé qu'un amerloque me
donnerait des leçons de ce genre mais c'est
sûrement vrai
ça m'a fait réfléchir sur ma façon de faire le yoga
je dois pas encore être mûre
pour suivre Brendan
sur les chemins des chakras
Manipoura ou autre

Brendan ne m'a pas quittée
en me raccompagnant il a dit que Fire était très
fort qu'il émettait des ondes très puissantes que ça
se sentait dès qu'il entrait au Buci il changeait
l'atmosphère cosmique d'une pièce

il a dit aussi que je devais faire attention à moi parce que moi aussi j'émettais des ondes avec mes yeux avec mes doigts pour capter les gens les charmer et que j'étais une sorcière
décidément
il a ajouté en me prenant délicatement le coude pour me faire traverser le Boulevard Saint-Germain au carrefour de l'Odéon
il faut transformer le désir en amour

mais je ne suis pas sûre que c'était pour moi qu'il disait ça
je crois que c'était plutôt pour lui

***

cette dernière soirée avant mon départ pour Londres je l'ai passée rue du Cherche-Midi chez Jane et Philibert qui est originaire d'Haïti

Philibert m'effraie toujours un peu il dégage lui aussi trop de forces trop de puissance
il m'a dit que Fire était crazy que je ne devais plus le revoir que j'étais trop bizarrement fragile pour le supporter
il paraît que Fire Gin était inculte jusqu'à ce qu'il apprenne à fumer la marijuana et qu'alors il s'est mis à écrire en libérant toute son inspiration

Jane m'a fait une liste détaillée de tout ce qu'il me fallait voir à Londres
musées boutiques boites

avec des plans dingues dignes de sweet Calamity Jane pour que je me perde pas en prenant le métro ou le bus pour aller chez maman comme elle disait

je pouvais pas me tromper

j'avais en plus un plan de Londres elle m'a fait des tas de recommandations pour sa mère qui m'attendait avec impatience

le bébé dormait très beau

il a la couleur de peau de son père et les cheveux blonds de sa mère étonnant contraste et ses yeux sont d'un bleu intense de rêve

Philibert peignait

j'aime beaucoup sa peinture depuis le bébé

c'est très fœtal avec Jane en visage un peu partout

***

avant mon départ j'avais encore quelqu'un à voir Christine

je ne l'avais pas revue depuis la party

mais Marianne m'avait dit qu'elle s'ennuyait un peu et serait heureuse si je lui téléphonais avant mon départ

je l'ai appelée

elle a tenu à venir me rejoindre au départ du car

quand je suis arrivée à République à la Skyways elle m'attendait déjà anxieuse et impatiente

il faisait beau dans ce troisième jour du printemps et elle portait une robe légère une de ses

robes de l'île lointaine où elle avait finalement
décidé de rentrer avec son bébé

elle me montrait des photos de lui

la même tête de petit canard glouton assoiffé de
rire

Christine et son humour désespéré quand elle
parlait de son mari

ses mains avides de caresse dans mon cou

le car avait du retard

elle était ravie

j'ai promis de lui écrire de Londres de tout lui
raconter

elle a dit qu'elle m'adorait

le car est enfin parti

avril 67 londres - pot de fer - buci - american church

j'avais jamais pris l'avion
c'est beau
même avec ce vieux truc qui ressemble au zinc
qu'avait Snoopy pendant la guerre de 14 et qu'il
fallait faire très attention en traversant la Manche
c'est beau comme un diamant dans la nuit
quand on quitte la côte avec les phares et les
lumières

évidemment on avait du retard

Victoria Coach Station

évidemment Michaël n'est pas là
après tout pourquoi serait-il là
je peux me débrouiller toute seule avec les
multiples indications de Jane
j'essaie de me rappeler aussi quand j'étais petite
et que je passais les étés à Wimbledon et
Twickenham
mais il y a presque dix ans que je ne suis pas
venue en Angleterre

***

la maman de Jane
Gloria
une grande femme belle très britannique
beaucoup d'allure très aristocratique

elle a fait un vrai repas pour m'accueillir avec du poulet et des pommes rôties et des haricots verts des haricots comme on n'en mange qu'en Angleterre verts comme des pelouses anglaises

elle a aussi invité un ami à elle Andy son boy-friend quoi qui lui fait rien bien sûr elle n'aime plus les hommes depuis que le père de Jane l'a quittée et ça fait longtemps mais Andy est seul aussi sa femme l'a quitté si je comprends bien alors ils se tiennent compagnie c'est-à-dire qu'au lieu de regarder la télé seul chez lui il vient regarder la télé chez elle en bouffant des After Eight

il aime beaucoup Jane me dit-il

pose des questions sur Philibert évidemment

ça devient dangereux comme terrain j'aime bien Philibert moi j'ai rien contre lui il est même assez fascinant mais c'est peut-être vrai que Jane devient folle avec lui j'ai pas tellement besoin d'en parler Andy et la maman de Jane le détestent et l'insultent à distance

j'ai sommeil

je partage la chambre de Gloria

le rituel commence

elle met une longue chemise de nuit en tissu nid d'ange flanelle ou quelque chose comme ça de très douillet

elle se brosse longuement les cheveux

tout en me parlant de sa dépression nerveuse pendant la grossesse de Jane elle met ses bigoudis avec application et puis du cold-cream sur

le visage en se pinçant la peau par endroit pour
faire circuler le sang

enfin pour terminer le cérémonial du coucher
elle se masse longuement chaque doigt avec une
crème pour les mains

tous les soirs c'était pareil
ça durait jusqu'à trois ou quatre heures du matin
elle parlait elle parlait
de temps en temps elle remarquait elle-même
please dites-moi quel homme supporterait cela
tous les soirs

j'appréciais sa lucidité caustique
j'écoutais tomber la nuit encore froide d'avril
et le lendemain ou plutôt le même jour je me
réveillais glorieusement vers une heure ou deux
heures de l'après-midi
d'ailleurs personne ne venait jamais voir Gloria
avant cette heure-là
les gens savaient qu'elle dormait
as a rule
il lui fallait de toutes façons beaucoup de temps
de sommeil pour son beauty sleep
bien sûr
alors régulièrement j'arrivais dans les magasins
et les musées at closing time mais j'ai quand même
réussi trois ou quatre fois à arriver à Carnaby
Street et dans King's Road cinq minutes environ
avant l'heure de fermeture
histoire de trouver le sens du vent

***

à Londres j'oubliais tout je me reposais

après tout j'étais en vacances universitaires

c'était une vie toute différente dans le sillage de cette femme étrange et attachante je passais la moitié de mon temps à dormir et le reste à boire du thé et à manger des pâtisseries en l'écoutant

la première qui se réveillait faisait le thé

Gloria m'avait appris à le faire à l'anglaise

elle prétendait que je le faisais aussi bien qu'elle du moins bien mieux que Jane

et puis on se faisait des petits déjeuners énormes à deux ou trois heures de l'après-midi

enfin les petits-déjeuners c'était surtout pour moi

elle ne mangeait pratiquement rien

quand elle était seule elle se nourrissait de pills pour dormir de pills pour se réveiller de pills pour se soutenir comme dans Mother's Little Helper des Rolling Stones

mais mon bel appétit pour les breakfasts anglais ou simplement ma présence semblait stimuler de nouveau son propre appétit

chère Gloria vivait dans l'attente d'autre chose en espérant surtout que rien ne changerait ses habitudes ni son rythme de vie

elle vivait de telle façon qu'elle pouvait être prête chaque jour chaque minute à partir dans le quart d'heure suivant s'il arrivait quelque chose

la valise prête les vêtements toujours propres et pliés en attente

sachant que rien n'arriverait

mais sait-on jamais

la preuve au moment de sa dépression
nerveuse pendant la grossesse de Jane elle avait
été prête à se rendre à l'hôpital sans perdre de
temps
tout était déjà réglé
propre et net

elle était méticuleuse jusqu'à la manie
j'ai rarement vu quelqu'un se laver autant
à part Hélène bien sûr
et Jean qui prétendait que les anglais étaient
sales en aurait été bien étonné
Gloria elle prenait au minimum deux bains par
jour et elle y restait très longtemps
c'est simple ses journées étaient entièrement
consacrées à sa beauty du soir et les soirs
réservés à sa beauty du lendemain
obsession de la crasse
désir physique d'ordre
tout le contraire de Jane qui foutait le bordel
partout où elle passait
je comprenais que la mère et la fille ne
s'entendent pas

***

le lundi de Pâques il y a eu la Marche de la Paix
Easter March
traditionnellement trois jours depuis Aldermaston
jusqu'à Trafalgar Square une centaine de
kilomètres espacés de discussions et de de chants
dans le folklore habituel des marches
l'an dernier Joan Baez y avait participé

du moins à la fin

je me contente moi aussi d'aller à Trafalgar Square qui me rappelle mes vacances d'enfance je venais ici parmi les pigeons

que de monde sur cette place autour des lions

ça a vraiment de la gueule ces drapeaux noirs et blancs brandis en symbole d'une communion universelle

quelle différence avec nos marches françaises qui font le plein avec cinq mille personnes grâce à la participation des derniers beatniks

Mouna en tête avec son vélo éternel

les gens ici viennent en famille voir l'arrivée de la marche

chaque participant de la marche tient une jonquille à la main ces daffodils qu'on voit dans les parcs de Londres et dans tous les jardins en cette saison

les bobbies encadrent la marche

ici les flics font la démonstration avec les manifestants

dans le groupe anarchiste je reconnais un type au crâne rasé portant grande cape déjà vu l'année dernière à la marche de Taverny à Suresnes

un Tchèque qui avait pour fuir son pays traversé la moitié de l'Europe à pied

un type bizarre effrayant cassé

la marche arrive sur la place
il fait chaud dans le soleil pascal
la vraie kermesse commence

on vend des badges au pied des lions
les banderoles chancellent
le cirque satirique sur la guerre au Viêt-Nam
commence sur le podium avec d'immenses
marionnettes représentant Johnson Oncle Sam et
cœtera qu'on brûlera en fin de marche
les participants rigolent applaudissent

après viennent les discours les speeches
un bonze vietnamien serein et digne
une femme d'œuvres un brin hystérique
et quelques autres personnes

puis on apporte un cercueil et le speaker
demande que chaque participant y jette la jonquille
qu'il a cueillie sur le chemin de la marche
le cercueil est porté à travers la foule avec
beaucoup de cérémonie et tout le monde chante
Where Have All The Flowers Gone de Pete Seeger
ce genre de parodie ça marcherait pas en
France

vers cinq heures à l'heure du thé la
démonstration s'est dispersée
fin d'une promenade amicale et familiale d'un
lundi de Pâques en solidarité avec un peuple en
souffrance victime de l'impérialisme américain

***

le lendemain j'ai appelé Marianne qui venait
d'arriver

nous nous sommes vues plusieurs fois
heureuses de nous retrouver ici en oubliant notre
engueulade du Pot de Fer
Michaël nous avait donné à toutes deux le
numéro de téléphone de son bureau dans la City
on ne ne l'a même pas appelé
on a mangé des pancakes à Old Kentucky sur
Totenham Court Road

Marianne est toujours en retard c'est bien connu
encore plus que moi
mais grâce au rythme de vie très spécial de
Gloria j'arrivais aussi tard qu'elle et nous arrivions à
nous rencontrer avec le même décalage
synchronisé

on a essayé d'aller au British Museum mais là
on est vraiment arrivées trop tard il était bel et bien
plus de cinq heures
juste le temps de foncer à côté chez Westaway
and Westaway acheter des pulls shetland pour mes
petites amies

je me suis baladée seule aussi
j'ai vu Blow-Up sur le conseil de Marianne
je sortais justement de chez Biba à Kensington
High Street c'était comme dans le film
des mecs à veste de fourrure avec un appareil
photo en bandoulière étaient accompagnés de
nanas étranges

les photographes sont très à la mode en Angleterre depuis la scène du film entre Veruschka et David Hemmings

à King's Road j'ai fait toutes les boutiques suivant les plans de Jane

j'ai croqué sur mon carnet des trucs merveilleux des idées folles

j'ai trouvé chez Countdown un maillot de bain idéal des triangles de tissu éponge rose bordé d'élastiques de la même couleur minuscule la griffe est presque aussi grande que le slip Marion Fowle and Sally Tuffin écrit en grand sur fond noir

j'ai vu des robes candides et perverses de Mia Fonssagrives et Vicky Tiel qui me plaisent bien comme créatrices et comme nanas

quelques filles dans les rues ressemblent à la reine Victoria sous des chapeaux puritains avec leurs robes longues trouvées aux Puces

je suis arrivée à Carnaby Street un jour at closing time

ma tenue était peut-être voyante

une robe jaune avec un cardigan violet à bords rouges avec un collant violet et mon cher panty de dentelles nymphettes dépassant de la jupe ultra-courte

j'ai bien senti quelque chose de bizarre autour de moi et j'ai même entendu des réflexions désobligeantes de la part de français qui devaient me prendre pour une anglaise au mauvais goût je me suis arrêtée devant une boutique pour hommes au début de la rue et là j'ai senti quelque chose de bizarre

je me suis retournée

à deux mètres un photographe me mitraillait sur toutes les coutures

bon ça encore c'était rien

mais sortant de leurs bureaux des dizaines de personnes étaient arrêtées de l'autre côté de la rue et me regardaient

je croyais qu'en Angleterre rien ne surprenait jamais personne

pour être plus remarquée que les anglaises elles-mêmes fallait le faire

ma myopie me permettait décidément toutes les provocations

***

vers la fin de mon séjour chez sa mère Jane est arrivée avec le bébé

elle avait beaucoup écrit ces derniers temps promettant de tout ranger dans l'appartement de tout nettoyer de faire attention quand elle reviendrait

et chaque soir Gloria à qui l'histoire de Jane rappelait trop sa propre histoire quelque vingt ans plus tôt faisait de grandes diatribes contre Philibert

he's a rat m'invectivait-elle en parlant de lui

this man is a rat

elle pointait son doigt vengeur sur moi qui n'y étais pour rien en détachant les syllabes but he must face his res pon sa bi li ties

et ça durait jusqu'au matin

la veille de l'arrivée de Jane sa mère a acheté un landau pour le bébé
un magnifique landau anglais haut sur pattes confortable
elle en était très fière et me demandait toutes les trois minutes si je pensais que Jane serait contente
j'en étais sûre ce serait utile parce que Jane n'avait certainement pas de landau pour le bébé elle n'avait pas dû penser à ça

Jane est arrivée
en taxi rempli de bagages que le chauffeur de taxi a eu beaucoup de mal à monter jusqu'à l'appartement de Gloria
parce que Jane rapportait de Paris exactement le même landau que celui de sa mère
ça a posé quelques problèmes
il a fallu en laisser un sur le palier l'appartement était vraiment trop petit pour les deux

le premier jour Jane a fait beaucoup d'efforts pour faire attention et tout ranger
elle se précipitait vers l'évier dès qu'on avait pris une tasse de thé soit toutes les cinq minutes
le soir même elle cassait une tasse
le salon le cher salon impeccable de sa mère était devenu un champ de bataille jonché de couches sales de biberons à moitié bus de produits

de maquillage abîmés et de douteux soutien-gorges pour grosses poitrines comme disait Jane

Jane n'a pas eu le temps de me faire connaître son Londres à elle je devais repartir
nous avons juste pu la veille de mon départ passer une soirée avec Marianne du côté de Soho égarées là à la recherche d'une baignoire de bébé qu'elle n'a pas trouvée bien sûr

Jane disait que je pourrais faire plein de choses ici si je restais
mais je devais repartir j'avais un cours deux jours plus tard et il était difficile de changer mon billet
je la laissais donc se débrouiller avec sa mère qui disait que jamais Jane poor Jane n'avait su faire le thé comme moi
je partais avec une nouvelle tête j'avais coupé mes cheveux sur le front pour faire une frange
j'étais pleine d'idées de robes inspirées par Twiggy le nouveau mannequin dont la silhouette maigrichonne me décomplexait de la mienne
comme disait Marianne elle a pas dû manger tous les jours de son enfance dans l'East End Twiggy

et je commençais à rêver de la rue Mouffetard en printemps aux couleurs d'anémones

***

en remontant la rue du Pot de Fer j'ai vérifié que
mon aigue-marine était toujours dans ma poche
elle était là précieuse et irremplaçable

j'allais revoir Brendan

quand je l'ai vu arriver au Buci
presque clochard aux yeux d'ineffable
égal à lui-même dans son vieux manteau d'hiver
élimé et râpé
j'ai sauté de joie
j'ai crié Brendan
je me suis précipitée vers lui
il m'a serrée contre lui
longtemps simplement

il était heureux
il a dit que j'étais la seule personne du Buci qui
osait être soi-même qui montrait ses sentiments ici
disait-il tout le monde joue un rôle pour tout le
monde

à Londres j'avais trouvé quelques textes des
Upanishads qu'il devait avoir lus mais je les lui
offrais with all my love et mon adoration

il a eu un petit geste du regard
précieux comme ma pierre

silence
musique des sphères

comme le silence qui arrive parfois au bord de la mer

entre deux vagues

quand le temps s'arrête et qu'on entend le monde respirer

avril 67 buci - pot de fer - le dôme

les cours à la fac m'insupportaient de plus en plus

aucune résonance entre ce que j'entendais sans trop comprendre et ce que je vivais ailleurs

le fossé s'élargissait entre mes voisins de table et les habitués du Buci

le Buci bar inéluctable attirant dans la banalité de ses néons impersonnels et de ses fausses pierres sur les murs

plus tard je me suis demandée ce qui y attirait autant de gens des quatre coins de la terre

sans doute sa situation de carrefour on the sunny side of the street

quand on se levait le matin en se disant qu'est-ce que je vais faire

la réponse venait

aller au Buci

se réchauffer à l'habituel

voir quelqu'un

rencontrer de nouvelles têtes

espérer peut-être un miracle

le ballet du Buci se déroulait dès la fin de la matinée

parfois plus tôt pour les immigrés espagnols qui cherchaient du travail dans les petites annonces

Brendan n'avait que quelques pas à faire pour venir boire son café puisqu'il habitait à l'hôtel du Sud un peu plus bas dans la rue Mazarine puis d'autres arrivaient

Benoît cherchait aussi du boulot

Agathe la jeune femme que j'avais vue la première fois avec La Barraca au visage de lune pleine en demi-sourire passait là avant de s'offrir une petit demi-heure du côté des trottoirs des Champs-Elysées

John y traînait son désespoir de nuit en nuit et de jour en jour

deux ou trois malgaches de la rue Visconti

Ava venait se remonter le moral en se faisant offrir un petit calva de temps à autre elle crevait la dalle Ava elle ne nous disait rien mais la patronne du Buci le comprenait et parfois lui préparait un sandwich gratis pour le petit

Ava restait hiératique sous son chapeau noir et personne ne saurait que son ventre en grossissant la creusait un peu plus

je voyais Agathe et Benoît de plus en plus fréquemment

Agathe habitait chez Benoît

leurs rapports étaient bizarres

Agathe gagnait du fric en faisant quelques passes sur les Champs

Benoît cherchait du travail

il voulait être comédien ça marchait pas

mais en fait il jouait tout le temps avec un humour caustique féroce et une tendresse insoupçonnée parfois la première fois que je l'avais rencontré c'était au Buci où je venais d'entrer il était assis près de Lyane qui regardait les lignes de sa main

j'ai regardé aussi il m'a fixée le regard agressif derrière les lunettes il a dit je sais que je deviendrai aveugle et je me suiciderai à cause de ça

depuis il s'était adouci il était moins grinçant il était un confident fidèle un compagnon proche et lointain à la fois nous nous sentions un peu jumeaux lui aussi s'intéressait aux recherches mystiques de Brendan

mais qui au Buci ne s'y intéressait

l'hindouisme l'astrologie la chiromancie les tarots

on n'entendait que ça

pour tromper l'angoisse peut-être

l'angoisse de la faim que connaissaient certains des passants

et que je ne connaissais pas encore

avant de trouver son job des demi-heures du côté des Champs-Elysées Agathe faisait des ménages c'est-à-dire qu'en échange de quelques heures de ménage elle habitait chez une dame

Agathe a fini par estimer que la dame l'exploitait

elle a préféré s'exploiter elle-même c'était plus rentable

mais dès qu'elle avait gagné dix mille balles elle les claquait en taxis ou en cadeaux somptueux juste parce qu'elle avait vu une lueur de connivence féminine dans les yeux de la vendeuse

elle s'en sortait pas

***

je délaissais donc la Fac et les études pour la couture

je dessinais je cousais comme une folle

à Londres j'avais fait plein de croquis inspirés par Twiggy dont je me sentais la plus proche par le gabarit

elle se maquillait en dessinant des grands traits sous les yeux pour accentuer les cils du bas

à Paris je courais les musées et les expositions

je m'inspirais des coiffures de Renoir ou de Degas et des couleurs de Bonnard pour mes maillots comme pour mes robes

une jonquille devenait robe

je maniais le velours noir et l'organdi blanc en costume de page le lainage écossais en Claudine à l'école ou la flanelle grise en combinaison de mécanicienne

je nageais dans les velours rose mauve violet dans les manches bouffantes et les fronces adaptant des formes anciennes à une ligne courte obligée

je dévalisais les merceries de la Mouff en boutons précieux désuets ou naïfs oubliés dans les tiroirs

j'ai baptisé Albertine ma machine à coudre électrique toute neuve

Proust m'inspirait par ses descriptions des déshabillés de crêpe tendre d'Odette Swann ou les robes de Fortuny qu'il offrait à Albertine sur les conseils de la duchesse de Guermantes

on me photographiait beaucoup dans la rue

mes tenues provocantes m'attiraient parfois des remarques désobligeantes qui ne me dérangeaient plus

j'aimais mes robes courtes de petite fille qui ne veut pas grandir

style nymphette narcissique Lolita aux rubans dans les cheveux et aux cols de dentelle

mon style plaisait

je commençais à penser que business is business et time is money

ma sœur me servait de mannequin elle avait de belles épaules qui enlevaient bien les modèles

elle m'aidait à passer du style candide que je concevais sur moi-même au style femme plus universel

elle portait bien les tissus secs comme des tissages grecs ou les lainages

de nombreuses filles me demandaient de les habiller

Hélène bien sûr mais aussi MyJo une amie d'Ava qui croyait très fort en moi et voulait des modèles qui surtout ne passent pas inaperçus

son homme un médecin sud-américain aimait qu'on la remarque à son côté

je dessinais des robes d'attente pour Ava des robes en biais avec plis creux découpes incrustations sur l'une j'avais dessiné des cibles en trois couleurs et je l'avais appelée Mille

je dessinais et réalisais des foules de maillots

Jane revenue pour le Salon du prêt-à-porter en voulait un spécial grosses poitrines qui la désolaient tant depuis la naissance du bébé

Marianne en rêvait un qui lui permettrait de montrer ses bouts de sein et tout ce qu'on ne montre pas d'habitude quand on porte un maillot de bain

quelque chose comme des dessous de demi-mondaines des boutiques spécialisées du côté de l'Opéra ou de Shaftsbury avenue

elle avait toujours aimé le style pute Marianne sans peur et elle réussissait pourtant à n'être jamais vulgaire

étrange seulement

elle se mettait sur le dos n'importe quoi sous le prétexte qu'elle avait mieux à faire qu'à s'intéresser à sa toilette

mais elle avait tant de charme d'intelligence et de causticité qu'on oubliait ses jeans sans forme et ses pulls froissés trop larges

les dernières Collections Haute-Couture avaient été éblouissantes un enchantement à chaque modèle

tourbillon de féminité fraîcheur tendresse et candeur dans l'émotion particulière du rose indien de l'été 1967

j'apprenais le corps
je le dénudais chaque jour un peu plus
j'aimais surtout le profil des seins cette partie si douce et tendre près des aisselles
un sein est presque toujours beau là

le montrer c'était ne pas porter de soutien-gorge
donc se tenir droite penser à ses seins les porter
mentalement les libérer
je libérais les seins à chaque maillot de bain à
chaque robe du soir
MyJo était ravie elle n'avait pas trop de poitrine
Hélène non plus
pour Agathe Jane ou Marianne ça posait plus de
problèmes

quant à moi une de mes robes de crêpe rose
commençait à mi-poitrine pour se terminer au haut
des cuisses
seulement retenue par des bretelles si légères
qu'un souffle aurait pu les briser
ma seule façon d'offrir un corps qu'aucun
homme ne modelait encore

***

mes journées étaient à peu près les mêmes
depuis que j'avais Albertine ma machine à coudre
électrique
je cousais beaucoup
je cousais le matin après le yoga et le petit
déjeuner as a rule
puis j'allais me balader rue Mouffetard
merveilleuse dans le beau temps avec les gens les
fleurs les légumes la lumière
c'était ça que j'avais rêvé à Londres l'espace
d'une vision
je cousais encore en rentrant au Pot de Fer

en fin de journée vers quatre cinq heures je descendais vers l'Odéon faire un tour au Buci voir si Brendan était là

sans Brendan ma journée n'aurait pas de signification

et sans le Buci vers le soir moi-même je n'aurais plus de sens

parfois en chemin je rencontrais Ava

le bébé devait naître dans un mois

elle avait mauvaise mine

je la raccompagnais vers chez elle en haut du Boul'Mich pas très loin finalement du Pot de Fer

son attente était curieusement désincarnée

mangeait-elle seulement

son amie MyJo l'aidait

et madame denise la patronne du Buci la gâtait souvent

le Buci était une trêve dans la lutte du jour une trêve quand elle recueillait les hommages à sa beauté à sa fécondité avant de remonter ses six étages pour retrouver sa chambre minuscule et ses angoisses

mais ça nous ne le savions pas encore

aujourd'hui elle m'a raconté qu'un de ses amis espagnols a fait un héritage et veut tourner un film au mois de juin avec elle dans le rôle principal

elle aimerait que je fasse les costumes

j'adorerais ça bien sûr

jamais vu quelqu'un s'accrocher dans l'espace comme Ava

oiseau reflet mirage

en parlant avec Ava j'avais raté le rendez-vous
d'essayage avec Marianne
un mot m'attendait au Pot de Fer
des petites paroles comme disait Jane

Darling Marine
Bien désolée de ne pas voir ta jolie frimousse.
Je suis arrivée vers 5 heures et "pickles". Comme
je n'ai pas encore récupéré "ma" clef, je dépose les
paquets chez la concierge et vais me refaire un
moral du côté de la Place Contrescarpe (Chope ou
Cinq Billards)
Décidément plus facile de se joindre à Londres
qu'à Paname

il y avait aussi un autre feuillet avec des petits
dessins débiles style Marianne et des inscriptions
en anglais
«Between the fringe of the world and the fringe
of yourself here is the big question»
la suite était incompréhensible
noyée dans un toit de chaume qui devait
représenter la chevelure d'un être androgyne qui lui
ressemblait beaucoup
si elle n'avait pas ses grosses poitrines on la
prendrait pour un petit garçon
cheveux de paille coupés n'importe comment
des dents un peu de travers
un léger zézaiement

et une moue d'enfant pris en défaut s'attendant
toujours à être grondé

je suis allée la retrouver aux Cinq Billiards
entourée d'une demi-douzaine d'indigènes
peintres poètes beatniks anarchistes qui sans
doute venaient de se lever
le quartier de Mouffetard
the Village Voice

***

Michaël est rentré dans son cabinet de New-
York après avoir fait la tournée des cabinets de
juristes européens
je sais pas si elle pense encore à lui qui pouvait
être la sécurité la quiétude des dollars pour un
moment
pour changer de sa bohème éternelle

***

parfois je retrouvais Jane dans le bel
appartement de Philibert rue du Cherche-Midi
le bébé était resté à Londres chez Gloria
Philibert peignait
il m'a montré ses dernières toiles c'est très fort il
est très fort
il sait tout il fascine Jane et me fascine aussi
il m'a dit encore que Fire Gin était crazy et que
je devais me méfier et le fuir
il a peur pour moi si je le revois

c'est vrai j'ai revu Fire il m'a redemandée en mariage mais je lui ai dit que j'avais autre chose à faire

on a bu et mangé et fumé au dessert
puis on a passé le reste de la soirée à Saint-Germain on a rencontré un photographe et Mary un mannequin américain qu'on voit beaucoup en ce moment
mais je commençais à me sentir très drunk
ils m'ont raccompagnée en taxi

***

de Londres j'avais écrit à Christine comme promis
elle m'a répondu très vite de Nouméa
des lettres de plus en plus désespérées
et je ne pouvais pas répondre
d'une part elle me demandait de ne pas lui écrire
son mari lisait son courrier et était capable de ne pas lui donner ma lettre
d'autre part je me sentais pas le courage ni le coeur de l'encourager à revenir à Paris bouffer son camembert dans une chambre de bonne comme elle s'en disait capable
peut-être aussi que son affection me submergeait
j'essayais pourtant de lui écrire des lettres où elle reconnaîtrait le monde où elle voulait vivre
je parlais de tous et de tout

je parlais de Brendan qu'elle n'avait pas rencontré mais qui ne nous avait pas quittées pendant cette soirée où je l'attendais avec Lyane

je parlais de tout ce que j'aimais

mais je lui parlais pas d'elle

je pouvais pas lui dire qu'un camembert dans une chambre de bonne ça n'avait rien de réjouissant ici à Paris

je pouvais pas non plus la juger si elle voulait quitter son mari et son fils c'était son problème je n'aurais pu que lui énoncer des lieux communs

si elle venait pourtant

il y avait ce monde dans lequel nous vivions

Hélène Ava Marianne Benoît Brendan moi

et tous les autres

et c'était ça que j'écrivais

ça commençait parfois comme ça

ma chère petite Christine

je t'écris du Buci quartier général dehors soleil entre des nuages qui sèchent sur une chanson de Bob Dylan

puis comme d'habitude je racontais ma vie de la journée

je continuais la lettre deux ou trois jours plus tard et comme le lendemain je vivais autre chose je n'avais pas le courage de reprendre

ou bien je ne trouvais pas de timbre et la lettre restait dans un tiroir

avec les autres

beaucoup d'autres

et mon remords
je n'ai jamais su envoyer une lettre normalement

***

je venais de rentrer au Pot de Fer après un drôle de dimanche
d'abord il y avait eu la Marche de la Paix en banlieue à partir de Taverny où se trouvait le PC de la force de frappe jusqu'à Suresnes
les Marches de la Paix en France étaient toujours un mois environ après celles de Londres peut-être pour permettre à ceux qui les suivaient d'assister aux deux
la Marche c'était une occasion de retrouver des tas de gens sans avoir besoin de parler puisque c'était une marche silencieuse
on était ensemble et en silence
quiétude et méditation
on marchait on oubliait le corps et ses faiblesses
on pensait on oubliait les mots et leur falsification
le thème de la marche comme d'habitude était le Viêt-Nam

en rentrant à Paris alors que je ne savais que faire brusquement je suis allée au Buci sûre que Brendan viendrait ce soir une intuition comme ça et sûre aussi que quelque chose d'autre allait se passer et que je serais pas obligée de rentrer seule au Pot de Fer et me coucher à neuf heures du soir comme les poules

rencontré divers amis

ceux de tous les jours que j'apprenais à connaître chaque fois un peu mieux Benoît Agathe John

d'autres moins connus mais qui constituaient l'arrière-plan du Buci

des chômeurs des immigrés des gens de passage

et puis brusquement Brendan

comme un cadeau toujours inattendu

et puis brusquement Alexander

le bel Alexander qui revenait de Florence après un mois

est-ce que j'avais changé en un mois

est-ce que je faisais moins le spectacle

est-ce que j'étais plus sage

mais ce soir-là Alexander m'a vue

et même il m'a parlé

et même ce soir là nous sommes allés dîner au restaurant russe chez Gaudéamus rue Pierre Sarrazin

et un dîner avec deux types comme Brendan et Alexander amerloques et mystiques ça a quelque chose d'éprouvant surtout avec l'accordéon et les guitares tziganes qui faisaient monter la larme à l'oeil à toute allure

pendant la plus grande partie du repas Alexander m'a d'ailleurs tourné le dos

je l'excusais mentalement en pensant qu'il avait du mal à caser ses longues jambes sous la table

impressionnant Alexander

bizarre atmosphère autour de lui

jeune et vieux
vingt-sept ans et pas mal de cheveux blancs
mais beau comme un jeune dieu grec
émouvant comme un enfant
pathétique comme un vieillard

j'ai dû dire quelque chose de pas trop con sur lui
parce qu'à la fin il a daigné faire un quart de tour
sur lui-même pour m'écouter et me regarder
au moment de l'addition il m'a demandé
do you have enough money
j'ai dit non
il a dit all right et a payé pour nous
il a laissé son verre plein sur la table
c'est à cause de sa mère m'a dit Brendan
ah
et nous avons suivi la pleine lune jusqu'à
Montparnasse

en chemin Alexander criait aux arbres du
Luxembourg
that's the world we live in
et à Brendan
you must do something worthwhile
et Brendan rugissait avec son sale accent du
sud
I know but it's not your problem

***

au Dôme Brendan allait voir La Barraca
j'ai su tout de suite qu'Alexander allait nous
quitter

une peur soudaine
il a salué La Barraca mais n'a pas voulu rester

***

La Barraca le vieil espagnol télépathe
astrologue que Brendan venait voir presque
chaque soir pour apprendre les tarots les cartes du
ciel et tout ça
La Barraca assis toujours à la même table au
fond du Dôme

Brendan prétend que je drague les types tout le
temps sans m'en rendre compte sans le vouloir en
étant là simplement et en regardant sans voir
puisque je suis myope ça doit être ça le secret
il dit aussi que parfois je m'ouvre et j'émets des
ondes qui captent les regards et les sens des gens
autour de moi
La Barraca m'a dit les mêmes choses
que j'étais une sorcière qui séduisait avec mes
yeux et mes ondes et tout et tout

pour finir nous sommes allés chez lui où il
voulait faire une expérience en présence d'un ami
attablé avec lui
il habitait tout au bout du boulevard Raspail
Brendan était à mes côtés
sans Brendan j'aurais pas suivi La Barraca
La Barraca qui parlait
quand je suis sorti de chez moi ce soir j'ai vu
cette lune la pleine lune et je me suis demandé ce
qui allait se passer cette nuit et puis j'ai vu une

petite déesse jeune et très pure et j'ai su que c'était
elle qui devait venir toi qui pouvais nous sauver en
nous permettant de connaître ces choses que nous
avons perdues en perdant notre jeunesse et notre
pureté
    il parlait il parlait
    j'étais ivre
    la lune nous précédait à chaque coin de rue
    avais-je ces pouvoirs
    l'escalier s'éternisait
    jusqu'où montions-nous
    était-ce le ciel
    ou l'enfer
    nos respirations s'étiolaient
    La Barraca a ouvert la porte
    pourquoi une porte
    c'était incongru
    comme si un trou à rat devait avoir une porte
    sans lumière
    sans même la place de se tenir debout
    un grabat tenait toute la place

il m'a fait étendre sur ce grabat Brendan s'est
assis à mes pieds l'autre ami a réussi à s'accroupir
dans le coin qui restait La Barraca tenait à ce qu'il
assiste à cette expérience de clairvoyance parce
que cet ami était technicien de quoi j'en sais rien
mais rationaliste donc sceptique
    j'étais allongée
    sur le ventre
    attendant ce qui allait se passer
    s'il devait se passer quelque chose

La Barraca parlait moins
il a pris de l'huile de lotus
il en a lentement passé le long de ma colonne
vertébrale sous mon pull
il expliquait en même temps
que c'était pour libérer les chakras
les centres de conscience
les influx nerveux
sa main allait et venait du Mouladhara chakra à
l'Ajna chakra et au Sahasrara padma
c'est à dire qu'il me caressait des fesses au
sommet de la tête
je me demandais si c'était bien normal
l'huile sentait très fort
et La Barraca récitait une mantra pour me mettre
en contact avec le cosmique
Om Om
la vibration sacrée entrait en moi
résonnait dans ma colonne vertébrale
Om Om Om
cette mantra jointe à l'huile de lotus devait me
permettre tout en étant consciente et jouissant de
la mémoire de recevoir les grandes perceptions du
sommeil sans risquer de les perdre au réveil
comme en temps normal
Om Shanti Om
je devais voir l'avenir
je ne voyais toujours rien
La Barraca parlait
maintenant tu vois ta mère
et ton petit frère

tu as un jeune frère
c'était vrai
comment le savait-il
et comment savait-il qu'ils sont les deux seuls
êtres avec lesquels je communique
télépathiquement sans avoir besoin de les voir
je les voyais
mais c'était pas bien malin de savoir ce qu'ils
pouvaient faire à une heure pareille vers les deux
heures du matin j'avais pas besoin d'huile de lotus
ni de mantra pour savoir qu'ils dormaient
comme des bienheureux sans se douter que
nous pensions à eux
à moins que dans leur sommeil ils se soient
retournés à ce moment
laissant leur corps astral aller faire un petit tour
au bout de la corde d'argent
mais entre voir et savoir il y a une nuance
j'aurais dû voir

La Barraca parlait toujours
sa voix et l'huile de lotus me pénétraient
il parlait du Viêt-Nam maintenant
c'était le thème de la marche de la paix
nous y avions pensé toute la journée
des images passaient devant mes yeux
de fausses images
créées à partir des photos vues dans les
journaux des bandes d'actualités télévisées
du visage d'Hélène pleurant doucement en
pensant aux petits vietnamiens pour lesquels elle
ne pouvait rien

quand finirait cette guerre
j'en savais rien
et je commençais à en avoir marre de ce vieux
mec qui s'arrogeait le droit de me peloter les fesses
parce que sa barbe le bardait de respectabilité
j'y croyais pas na
j'ai rien vu na

Brendan a chuchoté
je t'ai suivie tu sais
c'est vrai il avait participé beaucoup plus que
moi
ta mère était là
oui
mes pieds avaient été appuyés tout le temps
contre la hanche de Brendan assis en lotus

nous avons arrêté enfin l'expérience et j'ai pu
baisser mon pull
le technicien m'a demandé en douce si j'avais
vraiment vu quelque chose j'ai dit non

nous sommes descendus
on recommençait à respirer
ils m'ont raccompagnée au Pot de Fer
en chemin La Barraca serrait toujours mon
épaule
de peur sans doute que je lui échappe
il m'a tellement saoulée de paroles que je me
suis demandée si au fond je n'avais quand même
pas vu quelque chose
ma mère mon frère

des petits vietnamiens
peut-être que j'étais pas encore mûre pour la
clairvoyance
peut-être que j'étais déjà trop réaliste trop
matérialiste avec mes robes et tout ça pour me
laisser dédoubler et sortir de moi-même

Brendan devant la porte m'a saluée
et m'a dit prends soin de toi

au Pot de Fer j'ai bien réalisé que j'avais rien vu
mais l'huile de lotus devait avoir un pouvoir
décontractant extraordinaire parce que je me
sentais très très bien dans ma peau
quittée l'espace d'un Om vibratoire
journée bizarre

***

en tout cas le lendemain j'ai dormi si longtemps
que j'ai raté le rendez-vous devant l'ambassade de
Grèce pour une manif en fin de matinée donné la
veille par un petit anglais rencontré à la Marche

vers trois heures j'arrivais au Buci
Brendan m'attendait
inquiet
depuis le matin il demandait à tout le monde si
on m'avait vue
il disait qu'il fallait me protéger que j'étais peut-
être en danger que La Barraca était trop fort et qu'il
pouvait me faire du mal
il avait eu la même réaction avec Fire

il avait aussi prétexté des ondes des vibrations
trop violentes qui m'auraient détruite

maintenant je me mets à penser que Brendan
était jaloux
à cette époque je n'avais pas fait attention
je voyais pas les autres
Brendan était mon écran
ma seule source de lumière
et je trouvais tout normal
je le regardais comme on regarde le soleil
mais sans voir qu'il m'éblouissait
il m'a emmenée à la Palette rue de Seine
c'était l'heure du thé
à peu de chose près
et je n'avais pas perdu les bonnes habitudes
anglaises
le thé c'est sacré et rituel
ça nous a si longtemps tenu lieu de nourriture et
de boisson que ça reste toujours bon pour le moral

c'était la première fois que j'allais dans ce café
et c'était tout calme tout reposant
dehors soleil doux
Ava était là
assise près d'une femme
plutôt jeune
mais sans âge précis
et très jolie
ma tante a dit Ava

elle arrivait du Brésil

pour assister sa nièce avec le bébé

nous n'avons pas beaucoup parlé

on ne parlait pas tellement à cette époque

mais Dieu que c'était clair

Ava restait belle

elle attendait avec sérénité

enfin elle avait hâte de savoir si c'était bien un enfant qu'elle faisait ou un poste de radio ou un lapin

de toutes façons c'était un garçon

ça c'était sûr

Ava faisait un homme

plus tard quand Brendan est parti la tante d'Ava a dit qu'il était fou

pourtant il avait rien dit

Brendan était peut-être fou

il se prosternait toujours devant Ava parce qu'elle était la déesse de la fécondité

mais il n'était pas plus fou que d'autres puisque tous les hommes étaient fous d'Ava

tous c'est vrai ne s'allongeaient pas sur le trottoir pour lui rendre hommage

Brendan m'avait donné rendez-vous au Tournon vers dix heures

le Tournon c'était un autre point de chute de La Barraca qui y venait le soir après la fermeture du Dôme

La Barraca survivait parait-il grâce à l'aide de quelques fidèles qui lui envoyaient un peu d'argent tous les mois de quoi payer son maigre loyer pour

son trou à rat où il ne pouvait rester longtemps
sans étouffer il passait la soirée au Dôme la nuit au
Tournon où il jouait aux échecs ou aux dames et ne
rentrait qu'à bout de forces au matin pour s'abattre
sur son grabat

***

un soir d'avril Lanza del Vasto est venu parler à
la Maison des Prêtres Saint-Séverin
Brendan m'a accompagnée il savait par cœur le
Vieux Paris et me guidait partout
Shantidas me reconnaîtrait-il
se souviendrait-il de mes passages à l'Arche les
étés précédents

ses yeux perçants coupants comme du métal
m'ont sondée
il a dit je me rappelle
Brendan s'est approché
ils se sont regardés en silence
les rides de Shantidas restaient régulières
comme des ciselures d'art

***

une semaine plus tard nous devions aller
entendre Krishna Murti
j'attendais Brendan avec Agathe
Brendan est venu nous chercher en Porsche
Brendan dans une Porsche
anachronique
unbelievable

pourtant c'était vrai
la Porsche appartenait à l'ami américain
d'Alexander qui était avec lui à Florence ça se
concevait mieux
j'étais assise devant tout contre Alexander
Alexander trop beau
traumatisé
par sa beauté peut-être
traumatisant
par sa beauté sans doute

la maison des Quakers était bourrée
d'Américains venus écouter Krishna Murti

Krishna Murti
un enfant
regard noir durement pur et clair
difficile d'en parler
je n'ai pas tout compris
mais les américains marchaient très fort
grand silence
dans ces cas-là la seule chose possible c'est
rester assis en lotus
les mains sur les genoux
le regard droit calme et serein
le souffle régulier
paisible
sans problème
sans rien autour de soi
désincarné
en samadhi peut-être

l'ennui avec ce genre de truc c'est qu'on a trop l'impression que c'est fait pour les américains

la preuve la plupart des pseudo grands sages indiens ont leur ashram aux Etats-Unis de préférence en Californie qui comme par hasard est l'état le plus riche et comme par hasard à la fin de chaque tract d'information on trouve le compte chèque postal ou autre du sage en question

les amerloques raquent et la conscience tranquille ils remontent dans leur Porsche pour repartir

merde

nous sommes restés silencieux en rentrant par la rue de Vaugirard

que dire

des français auraient sans doute discuté argumenté

les américains ne jugeaient pas

ils avaient acquis quelque chose

Agathe oscillait sur elle-même comme d'habitude

ressemblant à ces clowns culbuto pour enfants dont le cul est plombé

elle se balançait en demi-sourire

et en samadhi certainement

elle était peut-être le Bouddha

Brendan nous a quittés à Saint-Germain

il allait à l'American Church répéter Mère
Courage de Brecht qu'il devait jouer la semaine
suivante avec la troupe américaine
il me laissait
à Alexander et son ami
avec Agathe il est vrai
mais je les connaissais à peine j'étais timide à
cette époque
nous sommes allés dîner chez le grec rue
Grégoire-de-Tours
après Krishna Murti fallait bien se restaurer

***

la vie s'accélérait
je cousais beaucoup et partout
un soir j'ai terminé d'ourler une mini robe de
crêpe rose sur les banquettes du Buci juste après
un dîner au Petit Vatel avec Benoît et Agathe qui
décidément m'apprenaient les restaurants les
moins chers du quartier

cette semaine-là il y a eu aussi chez Marianne
l'anniversaire d'Anne avec les mêmes Jean Hélène
Brendan Penny
Jean grand mélomane lui a offert les Litanies à
la Vierge de Monteverdi
Brendan offrait sa présence
il était humble et pauvre
mais ses yeux calmes éclairaient la pièce dans
la nuit

***
et puis je ne l'ai plus vu
que s'est-il passé

j'ai dû un soir aller montrer mes cuisses et mes
seins en crêpe rose impudique chez des gens bien-
pensants
histoire de les faire causer et de me justifier

il y a eu le premier mai
sur mon agenda j'ai écrit
repas chinois
mais je n'en ai aucun souvenir
Brendan n'était sans doute pas là
j'ai marqué aussi à deux reprises
photos avec Petrus
photos avec Georges
et chaque fois j'ai barré
j'ai marqué aussi plusieurs fois Ava avec une
indication d'heure
mais c'était où impossible de voir

je n'ai pas revu Alexander non plus
j'ai dû coudre
pour MyJo et une petite fille

mais Brendan
où il était cette semaine
je ne peux pas me passer de lui
il est mon ami mon frère mon fils
oui mon fils
je portais Brendan en moi

je sentais sa présence en moi
j'étais enceinte de Brendan
il doit être là toujours près de moi
comme un écran de protection
Brendan c'est ma sécurité
et mon inquiétude aussi
l'inquiétude d'être séparée de lui comme d'un
enfant

***

cette semaine-là il y avait eu des tas de têtes
nouvelles comme chaque soir au Buci ou alentour
mais Brendan n'était pas là
pourtant j'étais rassurée en pensant que j'allais
le voir à l'American Church dans Mère Courage

c'était le jeudi de l'Ascension
il faisait froid sur la place des Invalides comme
toujours avec le vent
la salle de spectacle était pleine de gens très
bien invités de Lee Breuer metteur en scène de la
pièce de Gordon Heath le directeur artistique de
Jean Seberg qui soutenait le studio Theater of
Paris
Brendan s'était trouvé embarqué là-dedans
parce que pour gagner un peu de fric et survivre
avec son ascèse de l'esprit il faisait le doubling au
cinéma dans des films américains
ça devait leur faire drôle de travailler avec ce
presque clochard ou alors comme nous tous ils
oubliaient son manteau râpé ses pulls superposés

ses chaussures dépareillées et ses pantalons trop
grands retenus par une ficelle
ils l'oubliaient peut-être pour ne voir que cet
éclair bleu de l'esprit
Brendan n'avait qu'un petit rôle dans Mother
Courage le supply officer
et manifestement il ne se sentait pas à l'aise sur
cette scène
je crois bien qu'il a rougi quand il a dû parler
juste après il a fait un geste de commandement
si incongru chez lui
mais un éclair a traversé la scène et la salle
un regard bleu incroyable
impossible
qui nous a transpercés

et c'était là le vrai Brendan
le Brendan que je connaissais
qui s'ouvrait brusquement totalement sur un
ailleurs presque trop fort trop vif et ça faisait un
grand choc de le voir là sur cette scène proche et
en même temps comme un étranger comme un
inconnu et ne pas pouvoir l'atteindre ni le joindre

après la pièce j'espérais le voir
il savait que je venais

j'ai attendu d'abord à l'entrée de la salle où était
tout le monde
puis je suis allée vers les coulisses
il n'était nulle part

je ne comprendrai jamais comment j'ai pu le
rater
mais ça devait sans doute être comme ça

II

mai 67 pot de fer - buci

c'était un vendredi pluvieux

j'avais passé l'après-midi à éplucher et à faire cuire des légumes

le soir des gens devaient venir je savais pas trop qui

John normalement

en fait c'était pour lui qu'on faisait ce dîner végétarien

parce que la semaine précédente je l'avais invité à venir au Pot de Fer ce jour-là il était d'accord mais entre-temps la soirée prévue pour cette date avait été reportée au vendredi suivant mais je pouvais pas prévenir John je savais pas où il habitait ni rien

je savais seulement pour l'avoir rencontré avant mon départ pour Londres qu'il était américain qu'il s'appelait John qu'il parlait très bien le français qu'il s'intéressait au Bouddhisme comme presque tous les américains du coin qu'il était assez vieux mais très gentil et qu'il avait été très blessé à cause d'une femme

donc John viendrait ce soir comme prévu puisqu'il n'était pas prévenu

j'ai pensé qu'il se sentirait un peu bête s'il arrivait au Pot de Fer ce vendredi soir et se retrouvait tout seul fallait inviter d'autres personnes

Brendan of course

comment imaginer une pot-de-feu party sans Brendan

impossible

Agathe et Benoît eux j'étais à peu près sûre de les trouver au Buci

je savais qu'Hélène allait venir avec son cousin hollandais Franck qui venait d'arriver à Paris et un ami allemand de Franck

en fin d'après-midi je suis allée au Buci essayer de voir Brendan

tout de suite Benoît et Agathe

je n'ai pas vu Agathe depuis trois ou quatre jours

on est heureuses de se retrouver on s'embrasse

elle dit Brendan vient juste de partir

non c'est pas vrai

si et il a demandé où tu étais

oh je voulais le voir je ne l'ai pas vu depuis presque une semaine et hier à Mère Courage je l'ai raté

il était très inquiet lui aussi

en face d'Agathe quelqu'un qui me regarde et sourit

elle nous présente

tiens Marine je te présente Nigel américain de San Francisco

pourquoi il me regarde comme ça

hello

à côté de lui quelqu'un d'autre très blond

Tony australien de Sydney

je parle pour divertir
je suis triste de toujours rater Brendan je veux
voir Brendan
Nigel aussi veut le voir mais Brendan a dit qu'il
serait au Dôme à partir de dix heures ce soir on va
y aller
mais je voulais vous inviter à venir dîner au Pot
de Fer
c'est très gentil mais il y a Nigel et Tony
ben ils peuvent venir aussi
j'ai pas réfléchi j'ai dit ça comme ça Brendan ne
viendrait pas donc quelqu'un d'autre ça doit être
comme ça
il n'est pas là
Nigel viendra

il m'a regardée encore
il m'a donné sa chaise parce qu'il montait à
l'Hôtel des Quatre Nations
il revenait tout de suite

je me souvenais
Agathe m'avait déjà parlé de Nigel
elle l'avait rencontré en faisant du stop depuis
Avignon jusqu'à Formentera l'année dernière ils
avaient fait la route ensemble ils dormaient
ensemble aussi Agathe n'avait pas été tout de suite
sensible à son regard félin mais un matin en se
réveillant elle a vu son dos quelque chose a bougé

profondément elle a posé les mains sur son dos comme sur un animal

elle m'avait dit tu verras quand tu le rencontreras tu tomberas amoureuse de lui il ressemble beaucoup à Alexander

Nigel est revenu de son hôtel

je savais pas s'il ressemblait à Alexander ou non je n'ai pas vu Alexander depuis dix jours

au Buci les rencontres s'oublient

mais je pensais à Brendan

c'était trop stupide de toujours se rater à cinq minutes près

I want to see Brendan

on va à Mouffetard

devant la bibliothèque Sainte-Geneviève il me demande

do you live with him

oh funny question

why

oh you'll see when you meet him but it's so unbelievable I have not seen him for four days or something like that

il ne pleut plus il fait moins froid ou j'ai moins froid

Agathe avait-elle raison

mais il y a quelque chose d'inquiétant chez ce Nigel trop bel animal pour se laisser prendre

et puis j'ai pas envie de le prendre
je saurais pas

mais on rit
on rit tous les deux

dans la rue on rencontre Hélène avec Franck et
son ami
on entre au Mouff 5 pour acheter du vin
l'endroit plaît à Nigel
il demande si ici les gens fument
ah c'est vrai il revient des Indes

il n'y a plus de vin tristesse tout le monde sort
on commence à être nombreux avec Agathe
Benoît Tony Nigel et moi on était cinq avec les
autres ça fait huit

au Pot de Fer faut tout ranger parce qu'en
partant j'avais tout laissé en désordre la machine à
coudre et les tissus
ils s'installent
Hélène me suit dans la cuisine pour m'aider à
préparer la bouffe
elle est triste
avec Franck c'est fini son joli rêve d'enfance son
bel amour d'adolescence tout ça c'est mort
quand la bouffe est prête je me change
question de standing je peux pas rester une
soirée entière dans la même tenue et je troque ma
combinaison de flanelle grise qui pourrait s'appeler
Motorpsychonightmare contre une robe de velours

violet ma robe fétiche à manches gigot et petits boutons précieux

Nigel a trouvé que je m'habillais comme une petite fille

je le soupçonnais d'aimer beaucoup les petites filles

peut-être pour ça qu'Agathe et lui ont attendu si longtemps avant de se décider à faire l'amour ensemble Agathe

elle est trop épanouie avec ses seins ronds et ses hanches pleines

préraphaélite comme dit Penny l'amie anglaise d'Anne

dans son corps ample tout en formes et en courbes

mon contraire parfait

tout était rond chez elle et grand

j'étais maigre et petite

elle était femme

j'étais enfant

Benoît est descendu acheter du vin au bistrot du coin et on a pu manger enfin ils ont mangé Hélène et moi on s'est surtout occupé à faire cuire les autres légumes parce que la marmite n'était pas assez grande pour tout faire cuire en même temps et on a préparé la salade

tiens mais John on l'avait oublié lui n'est pas encore venu

avec tous ces américains qui viennent ici on s'y retrouve plus

quand je pense que je leur donne toujours du
pot au feu
sans pot au feu d'ailleurs la viande c'est trop
cher le pot au feu sans pot au feu c'est ma
spécialité à vrai dire c'est tout ce que je sais faire
mais ils ont l'air content
de toute façon ils étaient prévenus que c'était
végétarien ce soir
et puis les américains disent toujours rue du Pot
de Feu
pas un n'y échappe

on boit du vin
Nigel me sert à boire
je me sens bizarre
il dit qu'il adore Salinger et The Catcher in the
Rye
c'est fantastique
I'm so crazy about that book

peut-être que Brendan va venir
Anne sent qu'il va venir
il pourrait venir d'ailleurs
il devrait même
mais il a dit dix heures au Dôme

l'australien m'aide à la cuisine
on voit qu'il hitchhike all around the world
il a l'habitude des auberges de jeunesse de la
cuisine et des vaisselles en commun
Nigel a sorti un tout petit flacon d'essence de
fleurs il a rapporté ça des Indes il en met sur ma

main frotte un peu c'est très fort il doit y avoir du
santal et du jasmin il en met aussi sur le nez de
mon ours

    mais il se fait tard
    faut aller voir Brendan au Dôme
    je crois qu'il ne pleut plus

    ***

    les petites rues derrière le Panthéon
    le vent dans ma cape de velours
    les poèmes que Benoît lance dans le vent
    Nigel qui marche près de moi
    Agathe dit oh il est trop beau Nigel
    le ciel sur le jardin du Luxembourg au-dessus du
Sénat
    et l'odeur de la terre et des feuilles mouillées
    l'odeur de Brendan
    le vent rue Vavin
    bientôt Montparnasse
    le Dôme la Coupole au bout de la rue
    on va traverser le boulevard Montparnasse
    on le traverse
    ou je le traverse qu'est-ce qui se passe
    je cours comme toujours mais qu'est-ce que j'ai
à sauter comme ça à droite à gauche à jamais
rester en place
    il est à peu près minuit
    j'ai traversé et en courant je rattrape Nigel par le
bras
    hey it's this way

il va pas vers le Dôme comme les autres
no I just want to see if some of my friends are at
the Coupole's
come with me il a ajouté

et moi qu'est-ce que je fais
je le suis comme hypnotisée
Brendan non my god

la Coupole un hall de gare bruyant je suis
effrayée I could'nt bear that mais je le suis que
pourrais-je faire d'autre je vois rien les autres sont
au Dôme sans doute avec Brendan qui m'attendait
peut-être
et moi je suis en train de suivre Nigel
pourquoi
il a rencontré des amis il s'arrête me fait asseoir
un chien à mes pieds sous la table
ils discutent affaires commerce see what I mean

il se lève pose sa main sur mon épaule
wait for me just a moment changer de l'argent
ça il sait le dire en français
et j'attends évidemment
sans rien voir
what's your name
je sursaute
on me parle
je réponds dans un nuage
caresses au chien
j'attends ça y est c'est terrible je l'attends
pourquoi ben parce qu'il m'a dit de l'attendre et qu'il

est trop beau et que je suis déjà définitivement
foutue

brusquement dans l'allée devant mes yeux qui
ne voyaient rien
Agathe Hélène Benoît
Agathe presque sévère
pourquoi t'es pas venue au Dôme Brendan
voulait te voir il t'attendait mais il a été obligé de
prendre le dernier métro
j'ai envie de pleurer
j'essaie d'expliquer
mais quoi il n'y a rien à dire puisque j'ai raté
Brendan que j'ai suivi Nigel et que je l'attends
encore
Agathe continue
Brendan était désolé il devait travailler sur sa
thèse à Montmartre il fallait qu'il parte
il a dit mon amour est avec Marine mais ma
croix est à Montmartre
je le reconnais bien là Brendan
mais pourquoi cette impossibilité persistante à
se voir
comme une fatalité
tous les jours de cette semaine nous nous
sommes cherchés sans nous trouver peut-être
nous ne devions pas nous voir peut-être en y
réfléchissant maintenant tout aurait été différent si
j'avais vu Brendan cette semaine-là

mais j'attends Nigel
il va revenir sans doute

nous trouvons des places à la terrasse il ne vient pas

Hélène m'accompagne aux toilettes j'ai un peu de mal à marcher droit trop bu peut-être mais c'est difficile de traverser cette immense salle on a l'impression de se perdre ou de se noyer plutôt sous le regard des gens qui se retournent
nous repassons devant les amis de Nigel il n'est plus là il doit être vers le milieu de la salle avec d'autres amis alors je m'en fous brusquement je ne m'inquiète plus
je sais qu'il viendra
et il vient

Agathe m'a encore chuchoté
oh il est trop beau ce Nigel
j'ai dit oui mais moins qu'Alexander plus éthéré désincarné Nigel parle trop fric commerce affaires j'aime pas
mais pourquoi ces comparaisons Alexander n'est plus dans les parages il a dû reprendre ses éternelles pérégrinations à travers le monde à la recherche de son ombre
et Nigel est là
il partira aussi d'ailleurs
doit pas pouvoir rester longtemps au même endroit
Agathe dit que c'est déjà merveilleux qu'il soit resté si longtemps avec nous ça lui semble incroyable

et Nigel est là
il est tard
Hélène Franck et leur ami allemand quittent la
Coupole
Nigel s'assied près de moi
quelques mots
mais il a vu des amis entrer par l'autre porte et
les rejoint
bien ce que je pensais
papillon butinant d'une fleur à l'autre
écureuil sautant de branche en branche
je me sens décidément bizarre
qu'est-ce qui t'arrive demande Agathe
ben la même chose qu'à toi
ah c'est bien dit Agathe en plissant les yeux de
bonheur pour moi je n'ai plus le plaisir de la
découverte pour toi c'est très bien
je sais pas
Nigel on peut pas le saisir
mais il revient
il est là il me prend dans ses bras me serre
contre lui caresse mes cheveux je suis foutue
définitivement il est trop fort
you're crazy you're just a little girl
il précise en français
comme une petite fille
il y a des mots qu'il sait très bien dire en français
argent commerce petite fille
I'm not crazy you know I know exactly where I
am who you are what I do and must not do
that's good baby but you look like a little girl

c'est vrai mais qu'est-ce que je peux faire

trois heures du matin
faut rentrer
Nigel reste près de la Coupole just round the
corner

c'est Tony ravi qui va me raccompagner

Nigel prend ma main je le regarde pas je
regarde le ciel au-dessus de l'horloge du boulevard
Raspail et les étoiles et on se quitte
les rues froides vers le Val de Grâce près de
Tony qui me réchauffe
Tony va errer toute la nuit puisque son hôtel
genre auberge de jeunesse est fermé maintenant
je l'inviterais bien au Pot de Fer mais réveiller
Anne à une heure pareille c'est pas pensable
thanks a lot see you tomorrow at the Buci's bar
about one o'clock

***

enivrée de nuit de vent et de l'odeur de Nigel
avec mon ours dans les bras qui a gardé
longtemps ce parfum

est-ce que j'ai seulement pensé à Brendan une
minute ce soir-là

comme si c'était le passé
comme si quelque chose allait arriver

quelque chose d'autre

et c'est ça que j'espérais inconsciemment en
allant au Buci le samedi après-midi
Tony était déjà là
nous attendions ce quelque chose qui allait venir
mais pas vu Brendan
pas vu non plus Nigel
et ça commençait à déprimer sérieusement dans
ce café névrosant
not very far from the Seine there's the café de
Buci strange place
you can stay there for hours and at the end of
the day when the sun is dying under the Pont des
Arts you feel absolutely down helplessly neurotic
depressing vibrations falling all around flewing from
the Seine to the Odéon with interferences
concentrating at this very point

Tony m'a donné son adresse en Australie au cas
où je passerais dans la région de Sydney et à
Londres où il partait ce soir ou demain

***

je suis partie à la campagne dans un rêve
c'est le soir que l'évidence est venue
pour la première fois j'allais faire l'amour
je ne serais plus une petite fille
grâce à Nigel

tout le dimanche cette seule idée
Hélène est venue dans l'après-midi

ma chérie triste d'avoir laissé écrouler son beau rêve d'adolescence elle a tué Franck en elle

qu'est-ce qu'elle veut aussi

elle veut tout Hélène elle veut l'impossible et surtout elle veut le feu ma belle lionne elle veut vivre la passion de ses rêves

on a cueilli des fleurs dans le jardin avant de repartir à Paris voir Ava

Ava doit avoir son bébé dans trois jours c'est La Barraca qui l'a prédit

le bébé naîtra le 10 mai et il sauvera le monde ce sera un chef un grand celui qu'on attend quelque chose comme un nouveau Messie quoi celui de l'ère du Verseau puisque Jésus-Christ était celui des Poissons

Ava était très belle très mince toujours avec ce petit ventre très rond très dur

elle nous a fait toucher son ventre parce que ça porte chance

sa tante ne parlait pas

***

le soir Buci toujours
pour voir Brendan
enfin
mais il n'était pas là
envie de pleurer de m'asseoir sur ce trottoir et de tout oublier

une semaine entière sans voir Brendan
je savais qu'il demandait à tout le monde

est-ce que vous avez vu Marine
depuis combien de temps
moi je faisais pareil mais c'était toujours trop tôt
ou trop tard
pourquoi
c'était pas par hasard tout ça
bon j'irai au Dôme après dix heures

Hélène est rentrée chez elle retrouver Franck
je suis repassée au Buci
Benoît était là seul
Agathe n'était pas encore rentrée
comme nous Agathe avait passé le dimanche
chez ses parents en banlieue histoire de se
retremper dans une atmosphère bourgeoise et
peut-être de manger un repas normal une fois de
temps à autre pour changer
en sortant du Buci avec Benoît qui
m'accompagne à Montparnasse j'ai cru apercevoir
quelqu'un qui ressemblait à Nigel mais je n'étais
pas sûre

il fallait voir Brendan au Dôme
au Dôme La Barraca
mais pas Brendan
quand Brendan est là j'ai pas peur de La
Barraca ni de personne d'ailleurs
mais sans Brendan j'ai peur

la Coupole au cas où Nigel serait là
mais là non plus personne
si je puis dire personne en parlant de la Coupole

on a attendu au Dôme à l'écart de La Barraca
Brendan n'est pas venu
alors on est rentrés se coucher
parce que ça devenait vraiment trop déprimant
Benoît m'a laissée au pied du Pot de Fer
il allait encore errer à la Contrescarpe sur la place du village

mais vers une heure du matin
des coups discrets à la porte
c'était lui
j'en était sûre
enfin Brendan
lui bien vrai
ses yeux clairs
il était très excité parlait beaucoup
il voulait faire un film avec Ava enceinte mais je lui ai dit qu'Ava devait accoucher dans la semaine La Barraca avait même dit mercredi et elle ne sortait plus ni rien
il a dit qu'il ne fallait surtout pas la fatiguer mais il était déçu
alors j'ai dit sans réfléchir ce qui était très con que j'allais faire une petite fille bien vite et qu'il aurait une autre femme enceinte
il n'est pas resté longtemps Anne était fatiguée
on se verrait le lendemain au Buci
on s'est salués comme les Indiens
il a dit encore que j'étais Siva

mai 67 rue maitre albert - le buci

le lendemain matin le lundi matin je suis passée
voir Hélène et Franck rue Maître-Albert
il faisait beau très beau c'était vraiment le
printemps avec des flaques de soleil sur le toit des
voitures et des éclairs bleus dans les arbres à
chaque pas

Franck étudiait le recueil des chansons de Dylan
qu'il m'avait emprunté le vendredi soir
it's easy to forget you just pick anyone and
pretend you never met

j'avais l'impression de bien connaître Franck
ça faisait si longtemps qu'Hélène me parlait de
lui au fil des jours des semaines des années

Hélène et Franck
depuis quand s'aimaient-ils
depuis l'adolescence
ils avaient quatorze et treize ans
l'âge de Roméo et Juliette
leur amour était interdit et clandestin
un secret de famille de fin de guerre
sa tante avait été tondue à la Libération et elle
avait dû quitter le village des Pyrénées avec un
bébé dans le ventre elle s'était expatriée aux Pays-
Bas coupant les ponts avec la famille pendant des
années
puis la grand-mère avait repris le contact et
invité le jeune garçon aux vacances d'été

Franck et Hélène avaient découverts ensemble le monde et l'amour

ils s'étaient aimés en été
ils ne s'étaient pas revus

ils s'écrivaient de loin presque chaque jour
depuis que je connaissais Hélène je l'avais toujours vue avec les dernières lettres de Franck dans son sac
ils se parlaient d'amour de solitude de mort dans le meilleur style romantique de la désespérance leur langage était gauche maladroit sincère
ils s'écrivaient en anglais parce que Franck connaissait mal le français et leurs lettres reflétaient non seulement leur impossibilité de se voir se toucher mais celle de s'exprimer
leurs correspondances n'étaient pas faites d'idées mais d'échange de fluides et d'ondes
ils se répétaient qu'ils s'aimaient et les vibrations se propageaient en cercles concentriques qui les auréolaient comme une lumière intérieure
Hélène pouvait vivre avec Jean ça n'avait pas d'importance
en elle au plus profond d'elle-même il restait toujours quelque chose d'intact
son amour pour Franck

il dessinait d'une plume forte et lancée immense sur la page
Hélène était sa poétesse elle était l'intuition le rêve

lui de temps à autre parlait des livres qu'il avait lus

il citait Goethe Baudelaire il rappelait les Romantiques

il découvrait Saint-Thomas d'Aquin et saint Augustin

il vibrait à ces lectures

comment recevait-elle ces grandes émotions littéraires elle qui avait voulu quitter l'école dès 14 ans pour apprendre l'esthétique parce que c'était féminin et qu'en travaillant très tôt elle se libérait du rigorisme de ses parents

elle qui n'avait rien appris dans les livres mais tout dans la vie

elle qui ne savait rien d'autre qu'aimer

Jean la guidait dans ses lectures il avait une solide culture classique

il lisait lui aussi beaucoup et était passionné de musique

Hélène écoutait lisait mais surtout oui écoutait de toutes ses forces et ce que Jean lui apportait elle le gardait pour Franck

leurs lettres étaient plus longues plus riches

elle était partie travailler en Angleterre et il demandait ce qu'elle faisait après le travail comment était la ville et quand elle pourrait venir en Hollande

elle a été enceinte

elle était rentrée à Paris demander de l'argent à Jean

je l'avais bien trouvée changée grossie enlaidie
malgré la candeur de son déshabillé ce matin
d'automne où je l'avais retrouvée au Pot de Fer
elle ne m'a rien dit alors
elle avait appelé Anne au secours mais il ne
fallait pas me dire
elle ne voulait pas que j'entende parler
d'avortement j'étais trop petite trop fragile elle ne
voulait pas que je grandisse
je l'ai su un an après je devais avoir un peu
grandi et je n'étais plus son enfant
je n'avais pas posé de questions je trouvais
toujours tout normal

et Franck écrivait toujours
les mots les faisaient vivre

pourtant au moment du bébé il a rencontré une
autre fille qui ressemblait à Hélène
il ne savait plus ou il en était
il peignait toujours
il a envoyé un peu plus tard une peinture sur
une petite carte comme souvent
c'était une femme
c'était Hélène

et elle souffrait caustiquement
je sais bien que sa nana me ressemble mais
quand même

j'ai gardé ce dessin il est encore là devant moi
au moment où j'écris

ce sont les yeux tirés d'Hélène les bras un peu trop maigres d'Hélène lorsqu'après sa toilette elle met son déodorant

c'est la pâleur d'Hélène et la noirceur de ses cheveux dans une auréole de flammes sombres

Hélène n'était pas jalouse elle se savait forte

elle ne connaissait pas encore grand chose mais elle se passionnait pour le théâtre la littérature la musique la peinture

chaque homme rencontré lui apportait un petit morceau de culture

elle les vampirisait pour Franck pour être digne de Franck mais parfois elle doutait aussi d'être assez intelligente et se vengeait elle-même en offrant son corps glacé à ceux qu'elle rencontrait

de toutes façons je suis frigide a-t-elle dit pendant des années

et il lui criait de loin you must wait for me

c'est vrai qu'elle l'attendait

elle l'a attendu jour après jour semaine après semaine au fil des ans

sans le tromper moralement intellectuellement

sans donner à quiconque la moindre étincelle de vie même à ceux qui croyaient la tenir la garder entre leurs bras

elle écrivait que le corps n'était pas important

pour se déculpabiliser

mais qu'est-ce qu'elle avait à renier son corps tout le temps était-ce d'avoir honte de le tromper ou la crainte d'aimer quelqu'un de trop proche

et lui s'étonnait toujours d'être aimé d'elle

I can't believe that such "une belle femme" loves someone like me

Jean aussi se demandait la même chose

il disait en se regardant dans la glace

je comprends que tu ne m'aimes pas tu es si belle et j'ai une sale gueule

Hélène fondait en larmes en se promettant de l'aimer un peu pour tenter de le consoler

Franck comparait Hélène à une beauté grecque classique

il devait avoir le don de clairvoyance de tout vrai artiste car c'est sans doute cette beauté qu'a aimé en elle Yannis le grec rencontré quelques mois plus tard et qu'Hélène a désespérément aimé

il rêvait de ses cheveux noirs et de ses bras blancs

elle rêvait de l'aider à peindre

leurs noms se répétaient d'un pays à l'autre comme des incantations au cosmique

des incantations aux puissances supérieures qui finiraient bien par les entendre et les rapprocher

Franck proposait d'envoyer un peu d'argent pour qu'Hélène vienne à Amsterdam

Hélène avait toujours gagné de l'argent puisqu'elle avait commencé très tôt à travailler mais elle n'en avait jamais assez

Jean disait que même si elle gagnait un ou deux millions ce serait toujours pareil elle en manquerait autant

elle dépensait à une vitesse incroyable

elle vivait au jour le jour

mais aucun d'entre nous ne savait ce que serait le lendemain alors pourquoi garder de l'argent

l'économie nous ne savions pas ce que ça voulait dire sauf que ça inspirait un net rétrécissement du cerveau et nous ne voulions pas vivre petit

et puis Hélène était foncièrement généreuse elle partageait tout

alors garder de l'argent pour aller à Amsterdam c'était une idée d'un autre monde inconcevable

Hélène avait quelques temps suivi Jane dans ses pérégrinations de modeling

Jane lui conseillait maquille-toi moche comme les anglaises avec beaucoup de les couleurs partout

mais Hélène restait pâle et belle comme une française toujours triste

elle était revenue à Paris au début de l'hiver

pour m'entourer me protéger des matins frileux sur le Panthéon

elle avait cru une fois encore pouvoir rejoindre Franck en Hollande

il l'attendait toujours
rêvait son arrivée

elle n'était pas venue
et tout s'écroulait une fois de plus
il pensait que peut-être il valait mieux ne plus s'écrire
il en arrivait à penser ça lui qui ne vivait que par leurs lettres
il croyait il voulait croire que s'ils s'aimaient ils se rejoindraient

***

pour Noël il avait envoyé des disques de Bach et Liszt que nous écoutions cet hiver 67 au Pot de Fer sur l'électrophone Teppaz que Jean avait apporté avec le Voyage d'Hiver de Schubert et le Combat de Tancrede et Clorinde de Monteverdi
Clorinda que j'imaginais sous les traits d'Hélène
dès le début de l'année il avait parlé de venir en France après le mois de mars et de passer six mois avec elle
ça ne pouvait plus durer ces séparations
il fallait qu'ils se voient très vite qu'ils parlent et que leurs rêves redeviennent vrais
et elle ne répondait pas

c'était avec Jean qu'elle habitait rue Maître-Albert
Jean étudiant était encore à la charge de ses parents et Hélène leur coûtait cher parce que rien n'était jamais assez beau pour elle d'après Jean

il l'emmenait dans les meilleurs restaurants et au cinéma voir tous les nouveaux films
il choisissait des robes avec elle
il était fou dingue d'elle

Franck au loin devait le sentir et se demandait s'il n'était plus qu'un étranger pour elle
jamais peut-être il n'avait été plus proche
proche dans son honnêteté sa droiture
qui étaient comme autant de remords au cœur trop sensible d'Hélène
et toujours il posait la question
Est-ce que tu es heureuse ?

parfois c'était un cri des cris
d'impuissance
il doutait
de lui
de sa peinture
de son langage
peur d'être médiocre et pourtant sûr de son art
All is a little comique - all people said to me I should not study painting.
Perhaps they don't understand me, but I think they are "détaillants"
They only like money, it seemed so !

mais il se déchirait entre les problèmes de sa peinture et son éloignement d'elle

sa venue en France se précisait
il arriverait à Paris samedi prochain

Hélène avait viré Jean qui était retourné chez sa
vieille mère pour laisser la place au comique
c'est comme ça qu'il appelait Franck
il croyait pas que ça allait durer

il n'avait pas tort
le rêve s'était écroulé dès l'arrivée de Franck
Hélène et lui n'avaient vécu que d'attente
d'espoirs
d'illusions

ça faisait des années qu'ils s'écrivaient
quatre ou cinq ans qu'ils ne vivaient que pour ça
il ne restait rien que les nombreuses lettres
échangées
et le remords d'Hélène de l'avoir toujours trompé
sans le tromper
elle lui refusait son corps
un complexe puritain rétrospectif la retenait
et Franck cherchait désespérément ce qui les
avait unis tant d'années au-delà des autres

Hélène prétendait ne pas se rappeler comme
Dylan
it's easy to forget
you just pick anyone
and pretend you never met

***

le lundi matin

lendemain du retour de Brendan dans la nuit au
Pot de Fer
Franck était plongé dans les chansons de Dylan
it's easy to forget
you just

la place de la Contrescarpe était doucement
chaude quand j'ai quitté la rue Maître-Albert en
laissant Hélène et Franck à leur incompréhension
mutuelle
rencontré Benoît qui venait chez moi
envie de rester là toujours même debout sur la
place du village devant la Chope à cet endroit où
un soir d'hiver Brendan m'était apparu
Benoît a dit
Nigel était hier soir au Buci quand tu y es
passée
il est venu me parler juste après ton départ
mais il a ajouté que hier soir Nigel était
méconnaissable
c'est vrai je l'ai pas reconnu ni même vu
il était en voyage et retournait prendre du LSD
il n'était pas très beau
fripé terreux

on est descendus vers Odéon Benoît et moi
au Buci évidemment
Agathe est là qui dit tout de suite
Nigel était là à l'instant il a dit qu'il revenait
décidément j'arrive toujours trop tôt ou trop tard

on s'est assis à la terrasse au soleil il faisait
assez chaud déjà mais le vent était fort et énervant
on parlait de rien
et puis Agathe a dit
tiens Nigel est en face au Conti
ah où ça
tu vois il a la même veste que l'autre jour et des
jeans bleu ciel
j'ai peur de ne plus me rappeler sa tête
et j'ai fini mon petit crème

Nigel a traversé le carrefour il venait vers le Buci
il m'a fait un signe étrange comme traqué
comme s'il avait peur de s'arrêter près de moi
j'ai souri calmement forte de mon attente
il est passé et s'est assis au bout de la terrasse
en face de Bob un américain qu'Agathe avait aussi
connu à Formentera un type bizarre grand baraqué
toujours en imperméable ne souriant presque
jamais
il ne disait même pas bonjour à Agathe qu'il
connaissait pourtant
en fait il était tueur à gages

le soir j'ai retrouvé Brendan
je lui ai dit que j'avais rencontré Nigel et il m'a
répondu cette phrase étrange
je n'ai aucune estime pour ce type mais puisque
tu l'as choisi je consens à l'appeler Nigel et à le
respecter
choisi
mais comment savait-il

il a ajouté
attends l'accouchement d'Ava
attends la naissance du bébé

sans doute pour que les ondes ne se heurtent pas
pour éviter les interférences les hyperfréquences

***

La Barraca avait dit que le bébé d'Ava naîtrait dans deux jours le jour du départ de Nigel
j'attendais
la naissance du bébé
nous attendions tous
la naissance du bébé

on attendait à la terrasse du Buci le coup de téléphone qui nous apprendrait la naissance du bébé d'Ava
La Barraca l'avait dit c'est pour aujourd'hui
mais toujours rien en fin du jour

le mercredi après-midi Nigel était toujours là
sur la terrasse
devant nous une femme est passée avec un petit garçon

a baby a dit Nigel
mais il a dit aussi
I'll give you one
I'll give you one
a boy a boy like me

let's go

oh good grief

attendre le bébé d'Ava
est-il né à cet instant
attendre demain
et moi Nigel
demain ce sera peut-être trop tard
l'évidence en le voyant

a baby I'll give you one

Nigel leaves today

attendre son retour
la pleine lune
and Bobby Dylan's birthday

crazy lousy world dont je suis folle

***

times passes listen time passes

***

j'avais rencontré récemment une journaliste de
mode elle venait de m'envoyer une carte
d'invitation à la Collection Hiver de Daniel Hechter
je m'y suis rendue en fin de matinée le jeudi

c'était très réussi très harmonieux sobre sombre
et long jusqu'aux bottes c'était la première
Collection longue même pour les enfants
des vestes longues ceinturées de cuir sur des
bermudas élargis ou des blousons sur de longs
knickers des jupes longues en crêpe noir ou brun
avec des blouses de crêpe ou jersey également
noir ou brun des robes de jersey courtes à plis ou
longues et ceinturées des petits boutons en
garniture des manches larges des capuches
douillettes
et des enfants merveilleux

je suis revenue emballée de cette présentation
et en arrivant au Buci j'étais in a good mood

le Buci était calme et presque vide en ce début
d'après-midi
seul Benoît
et un américain avec une drôle de casquette
avec qui j'ai parlé de Bob Dylan
cette chanson it takes a lot to laugh it takes a lot
to cry

je savais ça par coeur
well I wanna be your lover baby
I don't wanna be your boss
don't say I never warned you
when your train gets lost

l'américain à casquette surpris de ma connaissance de Dylan venait de voir Nigel dans le métro à Saint Germain
on était jeudi et il n'était toujours pas parti
Ava accoucherait-elle à temps avant son départ

et justement Nigel est arrivé
I wanna be your lover baby
I don't wanna be your boss
il m'a prise dans ses bras
mon coeur battait
ça n'avait jamais été aussi doux aussi fascinant aussi inquiétant
il m'a même prise sur ses genoux mais le garçon a dit que ce n'était pas une tenue pour le café
il nous a réprimandés comme des enfants mal élevés
peut-être c'était pas très joli
je sais pas
je m'endormais
je m'endormais dans les bras de Nigel

il a écrit sur mon carnet de notes qui ne me quitte jamais pour garder des traces du temps qui passe

GOD IS LOVE

good grief rejoindrait-t-il Brendan
qu'est-ce qu'ils ont tous ces américains à parler de Dieu

une obsession un remords une mauvaise
conscience
pour le Viêt-Nam maintenant
pour les indiens avant
et pour les noirs toujours

GOD IS LOVE

grande écriture très vigoureuse lancée toute en
majuscules qui équilibrait ma propre écriture toute
en minuscules

mais quand le reverrai-je
les types comme Nigel disent toujours qu'ils
reviennent mais ils ne reviennent pas toujours
je sais ça

Ava n'a pas encore accouché
et il reviendra

j'ai le temps
il reviendra au mois de juin
ce sera bien
quand exactement
ça n'a pas d'importance
je n'aime que l'indéfini
l'inattendu
l'inconcevable

***

il est parti le vendredi de la semaine suivante
pour Copenhague

Ava n'a accouché que le dimanche suivant
La Barraca s'était trompé dans ses calculs
je l'avais même noté sur mon agenda
le bébé serait notre Rédempteur
le sauveur du monde
le Messie quoi

Ava elle savait pas quand naîtrait le bébé
elle avait pris conscience de sa grossesse en
voyant une de ses amies acheter des tampax
oh je n'ai pas eu besoin de ça depuis longtemps
elle avait dû oublier ses pilules quelque part
elle trouvait étrange aussi d'attendre comme elle
le faisait chaque matin que sonnent les cloches de
Saint-Sulpice

ce dimanche-là Hélène et moi rêvions
dis tu crois qu'elle a accouché Ava
tu crois que le bébé dort en ce moment auprès
d'elle
et c'était un peu comme le souvenir des
sensations d'enfance quand nous rêvions que nos
baigneurs en celluloïd étaient de vrais bébés
vivants contre nous

le lundi nous sommes passées au Buci par
habitude
et aussi pour savoir s'il y avait des nouvelles
d'Ava
des nouvelles oh combien
Brendan d'abord
oui c'est Brendan qui me l'a appris

Ava a eu un fils
il disait ça du ton dont il aurait dit pour la Pâque
orthodoxe
Christ est ressuscité
réjouissons-nous mes frères
un enfant nous est né
prions pour le fils d'Ava

Alvaro l'ami espagnol d'Ava venait d'appeler
madame Denise pour transmettre la grande
nouvelle
une nouvelle qui se propageait comme un
torrent d'amour une source éperdue
et tout le monde trinquait au Buci
les chômeurs les immigrés les juifs les noirs les
arabes les malgaches les vietnamiens les indiens
les bretons les corses les auvergnats les crève-la-
faim les ratés les cinglés
illuminés radieux
l'enfant d'Ava était né
nous étions sauvés

je me suis précipitée à la maternité
son fils reposait près d'elle
il avait une bosse à la tête
ça devait être son premier clin d'oeil pour se
foutre de nous
mais ça nous étonnait pas trop
ce bébé il pouvait pas être tout à fait comme les
autres on l'avait trop attendu

ça faisait déjà quinze jours qu'elle aurait dû accoucher

toute la journée du dimanche elle a refusé de partir

elle disait que les contractions n'étaient pas assez rapprochées

sa tante lui disait qu'il était temps mais elle ne voulait pas

ça faisait si longtemps qu'elle attendait ce bébé qu'elle savait plus comment on faisait pour le sortir de là et finalement elle s'était habituée à lui

son ami espagnol Alvaro était arrivé la veille l'ami fidèle

il l'a emmenée en fin d'après-midi vers l'hôpital

mais elle n'a pas voulu entrer

emmène-moi dîner elle disait

et puis emmène-moi danser

il cédait à tout plus inquiet que s'il avait été le père

et vers une heure du matin elle est sortie de chez Régine

pour se précipiter pas très loin à la maternité de Baudelocque

et il s'est passé une chose bizarre

elle disait bissarre Ava tous ses mots avaient un goût de sucre

une chosse bissarre

étant étrangère avait-elle mal compris ce qu'on lui indiquait était-ce un effet des petits calvas qu'elle s'était envoyés pour se donner du courage

en tout cas elle s'est perdue

perdue en pleine nuit avec son gros ventre dans les couloirs et l'ascenseur de l'hôpital elle ouvrait des portes qui n'ouvraient que des chambres vides ou tombaient sur des bébés hurlants ou des femmes gémissantes

c'est du moins comme ça qu'elle l'a vécue

perdue complètement dans la nuit avec une seule veilleuse dans les couloirs sinistres elle a fini par trouver une sage-femme qui s'affolait mais qu'est-ce que vous foutez là vous allez finir par le faire dans le couloir

dans la salle de travail elle n'a plus voulu travailler on lui avait dit qu'il fallait pousser elle voulait pas pousser elle devait mettre les pieds dans les étriers impossible trop humiliant comme position trop inconfortable

alors il a fallu que deux femmes se placent de chaque côté d'elle pour qu'elle repose ses pieds au creux de leur hanche et daigne enfin pousser

c'est pour ça que le bébé avait une bosse sur la tête

à cause de l'accouchement qui avait été très long et du travail qui s'était arrêté la tête du bébé était restée coincée au passage du col de l'utérus juste au sommet de la tête

ça lui faisait une drôle de bosse qui déformait le cuir chevelu

pendant son accouchement Ava avait pensé aux juments de son père dans l'estancia au Brésil elle avait livré là son dernier combat d'indépendance dans sa mise au monde d'une autre vie

elle avait eu du mal à le sortir ce bébé

elle avait renâclé comme une pouliche rétive et elle retrouvait le souvenir des grands espaces le souffle de son enfance au milieu des chevaux et des hommes

elle disait c'est dur tu sais Marine mais après la naissance c'est le paradis on est bien on plane tout est beau

après il y a encore la délivrance la douleur qui recommence et tu sais on comprend pas puisqu'on a déjà fait le travail

mais après c'est de nouveau le paradis

et ça avait un goût de bonbon comme tout ce que disait Ava

sous sa bosse le bébé était tout beau

au matin quand Alvaro avait pu venir elle lui avait demandé d'appeler madame Denise pour prévenir le Buci

on l'a bien réussi clamait MyJo

Ava disait mais il est cruel ce bébé il ressemble trop à son père

Ava ne parlait jamais de lui c'était la première fois qu'elle faisait allusion à la filiation de son enfant

nous en étions arrivés à penser qu'elle avait été fécondée comme la vierge marie

pourtant Ava avait de gros problèmes à régler

malgré sa jeunesse même pas vingt ans Ava avait déjà été mariée plusieurs fois

elle avait épousé son premier mari à seize ans

elle avait divorcé à dix-huit ans à la frontière mexicaine pour épouser le second puis divorcé encore

mais le divorce n'existant pas dans son pays elle était toujours légalement mariée au premier

le bébé était donc supposé être le fils du premier mari qu'elle n'avait pas vu depuis deux ans

il aurait dû en porter le nom

elle a trafiqué des tas de papiers pour l'ambassade je sais pas comment elle a fait ni ce qu'elle a pu raconter de sa voix douce et rauque mais elle a réussi à donner son nom à son bébé son propre nom pas le nom d'un homme

au bout de quelques jours la bosse du bébé avait disparu

au bout de trois mois il avait la tête de Charlie Brown

***

aujourd'hui je suis allée voir le bébé d'Ava très mignon maintenant

elle est plus belle que jamais

nous avons beaucoup parlé et j'ai été très impressionnée par sa vie que je ne soupçonnais pas avant la naissance

une porte s'est ouverte sur un autre monde

une nouvelle vie

puis j'ai pris un pot au Buci avec un américain qui a une moto
vraiment je ne vois que des américains
aujourd'hui à part Ava je n'ai vu que des américains
dont un photographe
et encore le Brésil c'est l'Amérique du Sud

je suis rentrée coudre chez moi
maintenant je suis chez Hélène je l'attends rue Maître-Albert je lui ai fait pour demain une robe-culotte de velours marine avec une cape assortie
nous allons rentrer ensemble à Saint-Leu et je vais coudre encore
demain aussi
et quand je reviendrai à Paris j'irai voir Ava et le baby et puis le soir Joan Baez au TNP
j'aurais d'ailleurs aimé demain soir inaugurer une robe en crêpe vert nouvelle longueur sous le genou mais je n'ai pas eu le temps de la finir
c'est ça qui me tue j'ai des foules de choses à faire des foules d'idées à lancer tout de suite à porter avant tout le monde d'autant qu'au Quartier on commence à me connaître mais je n'ai plus beaucoup de temps pour moi c'est le prix à payer pour la réussite
le photographe tout-à-l'heure était très intéressé il m'a félicitée et encouragée à continuer

je continue en principe mes études

pour le moral pour entretenir l'autre partie de moi-même pour faire un peu travailler ma tête tout en utilisant mes mains pour rester équilibrée sinon je tombe

la présence de Brendan son mysticisme sa recherche spirituelle et philosophique m'empêchent de rester à vide

je continue aussi le yoga

je me cultive beaucoup plus qu'avant je m'intéresse à la peinture ce que je ne faisais pas avant

mais je n'ai pas d'espoir pour mes examens tant pis

Brendan est exceptionnel

en ce moment je le vois pas beaucoup il travaille à sa thèse mais je ne m'inquiète plus comme la dernière fois

ces fameux quatre jours où je l'avais pas vu

je pense maintenant que si je ne le voyais pas c'était pas par hasard ça devait être comme ça non ce n'est pas par hasard que le vendredi soir où j'ai rencontré Nigel j'ai raté Brendan sans ça je n'aurais jamais décidé sans doute de faire l'amour avec Nigel j'aurais été aveuglée par mon soleil

aujourd'hui j'ai été impressionnée par ce que m'a appris Ava

sa tante a le don de clairvoyance

il parait qu'elle avait vu que sa nièce était enceinte alors qu'Ava était à Paris et elle-même au

Brésil bien qu'elles n'aient eu aucun contact entre elles par lettres ou autre depuis des mois

or le jour où Nigel m'a dit I'll give you a baby a boy like me la tante d'Ava a vu que j'aurai un enfant bientôt

il parait donc que je dois avoir un petit garçon prochainement

plus tard j'aurai une petite fille

tout devrait se passer normalement sans problèmes de santé

je trouve toutes ces coïncidences troublantes
alors j'attends le retour de Nigel

***

Ava est restée plus d'une semaine à la maternité
plus longtemps que prévu
elle était si maigre le bébé avait tout pris

le dimanche soir je suis passée la voir à la maternité de Baudelocque avant d'aller au TNP
elle m'a dit comme toujours
oh ma petite Marine tu es si jolie avec ta robe de petite fille et tes rubans dans les cheveux
je lui ai prêté le Pèlerinage aux Sources de Lanza del Vasto
mais il était temps que sa tante arrive pour prendre soin d'elle

un grand oiseau
ni mâle ni femelle
assise en tailleur sur son lit

des membres aussi fragiles que des pattes de gazelle

ses longues jambes repliées sous elle comme un échassier au repos

elle était toujours maquillée quand on venait la voir trop maquillée yeux trop noirs peau trop blanche joues trop roses

ça la faisait étrangement belle effroyablement belle

elle avait toujours peur qu'on la voie le visage nu

je suis comme une sorcière elle disait

visage aux angles effrayants

elle prenait sa glace ça devait son premier geste le matin en se réveillant et avec ses crayons elle sertissait elle grossissait elle accentuait elle se redessinait elle souriait de son sourire trop grand

elle avait des rubans roses dans ses cheveux noirs

je crois bien qu'elle m'effrayait un peu

comme aucune autre femme

sauf peut-être Jacqueline Kennedy devenue Onassis rencontrée quelques années plus tard au hasard d'une boîte avec Jane et un grand couturier dont elle était le modèle

la même force

le même visage qui a peine à rester dans ses limites humaines

les yeux qui s'écartent

les pommettes qui pointent

le sourire trop grand

le menton trop volontaire
les maxillaires proéminents

je me sentais petite auprès d'Ava
comme auprès d'Hélène d'ailleurs
ces femmes rares
ces femmes qui n'entrent jamais dans les
moules habituels
ces femmes presque intouchables
ces femmes hiératiques à l'humour noir
l'œil d'Ava se posait sur les choses et les gens
comme un vautour
miroir déformant et destructeur
pour moi une femme enceinte était belle
presque toujours belle
Ava les voyaient toutes déformées et hideuses
en hippopotames complaisants aux cheveux tristes
et ternes aux démarches lourdes avec des visages
avachis
elle les rayait d'un coup de griffe et les raillait de
sa bouche trop grande

étrange Ava
qui reste pour nous la plus belle femme que
nous ayons connue
voix rauque parfois comme le regard
sourire dangereux et beaux gestes de petite fille
grandie trop vite

***

j'étais assez ébranlée en la quittant pour aller
voir et entendre Joan Baez dont le type amerindien

sur ses premiers albums rappelait celui d'Ava avec
ses longs cheveux noirs
        mais Joanie venait de couper ses cheveux
        ils dansaient mi-longs sur ses épaules au rythme
de ses chansons
        le même genre d'intelligence caustique qu'Ava

        c'était l'extase dans cette grande salle à sa
mesure où sa voix jaillissait en jeux d'eaux du
Trocadéro
        nous y croyions quand Joanie disait
        now we sing We Shall Overcome

        un deux trois tous ensemble
        toujours prêts cheftaine
        son charme marchait toujours elle riait
plaisantait
        elle avait rapporté une chanson du Japon et on
reconnaissait dans les monosyllabes détachées
        Blowing in The Wind
        elle pleurait the Kingdom by the sea
        plaignait la fiancée de Saigon
        se demandait d'où venaient tous ces gens à
l'enterrement d'Eleonor Rigby

        elle refusait que les photographes la mitraillent
pendant les chansons ça l'empêchait de se
concentrer ou quelque chose comme ça
        elle arborait une robe vert d'eau

        j'aurais aimé l'habiller

je l'aimais beaucoup Joanie et pour moi habiller quelqu'un était un acte d'amour

j'aurais été incapable d'habiller quelqu'un que je n'aurais pas aimé

elle nous accompagnait depuis longtemps avec ou sans Bob Dylan puisqu'il avait déjà prétendu ne s'être jamais rencontrés

j'aimais ses contradictions typiquement américaines

s'attaquant à l'ordre établi passionnée et passionnante

allant jusqu'au bout d'elle-même de sa voix et de ses actes

dansant éperdument jusqu'à la fatigue pacifiante

cherchant toujours autre chose

écrire s'instruire instruire

merveilleusement douée et terriblement femme

j'aime les femmes qui n'ont pas peur de l'être

exigeantes cassantes jamais soumises et pourtant si tendres

***

c'est le lendemain que j'ai rencontré Samuel pour la première fois

Hélène l'avait rencontré quelques jours plus tôt

il était venu à la Galerie où elle travaillait rue des Blancs-Manteaux

bien sûr il l'avait crue juive

comme d'habitude depuis qu'elle travaillait là
elle avait fini par répondre oui qu'elle était juive ça
simplifiait les relations
ils étaient restés l'un en face de l'autre sans se
parler
très longtemps
ils s'étaient reconnus

Franck venait de partir à Pau chez leur grand-
mère
il avait écrit à Hélène comme avant
comme si rien n'avait changé
mais en néerlandais qu'elle ne pouvait
comprendre
ça a été leur dernière lettre

elle oubliait

Samuel peignait et dessinait lui aussi
mais très bizarrement
pour survivre il vendait une ou deux fois par
semaine du poisson sur les marchés

Hélène avait aussi rencontré à la Galerie un
jeune photographe qui se faisait appeler Mathias et
qui s'était pris d'affection pour nous toutes
c'est lui qui a conduit au Pot de Fer Samuel que
je ne connaissais pas encore
tiens je t'amène le phénomène

Samuel avait dans les bras un paquet d'affiches
qu'il déposait chez les commerçants pour annoncer

l'exposition de ses illustrations du Cantique des Cantiques à la Galerie des Blancs-Manteaux
peintures de Samuel
à la fin de la semaine
la femme de l'affiche
avec ses cheveux noirs et ses yeux au loin
ressemblait à Hélène
femme éternelle
pour ça qu'ils s'étaient reconnus

Mathias parlait beaucoup
les gens qui parlent trop sont toujours plus vulnérables que les autres
Samuel très peu
je leur ai fait manger mon habituel porridge du midi
Samuel dessinait à la plume au dos de ses affiches
des trucs étranges genre globule avec de grands yeux ronds et des mains délicates
têtes sans sourire
l'une ressemblait à Sam le cascadeur du Buci avec sa gueule d'Antony Quinn la grande gueule de Sam
il a pris ensuite mon grand cahier à dessin et a griffonné au crayon toute une famille licorne
avec un père licorne au regard dur et fier et au poing menaçant
avec le grand-père licorne tendre derrière ses lunettes
et les enfants licorneau et licornette

il expliquait et sa voix émergeait comme une
brume de ses dessins
une voix fluette grêle
une voix de petit garçon pendant la mue
c'était ça qui avait dû séduire Hélène
et son besoin de protéger
de materner

visage d'enfant sérieux
insaisissable et fragile
comme éphémère

***

le 24 mai pleine lune
la pleine lune c'est toujours important
Agathe me racontait qu'à Formentera l'été
d'avant chaque mois ils allumaient de grands feux
devant la mer sous la pleine lune
ils prenaient le LSD
tous
en délire collectif
en prière primitive
aux dieux de l'île du ciel et de la mer
en hommage à tous ceux qui étaient morts là sur
cette terre au milieu des eaux en plein Moyen-Age
morts de faim ou brûlés selon les légendes
sorcières alchimistes rosicruciens magiciens tous
occultistes qui vibraient encore derrière chaque
pierre à chaque pas dans l'île
l'île magique et maléfique
où l'on se perdait si facilement le soir

elle avait acheté à une paysanne de Formentera
une robe longue de noces tissée grossièrement
avec des brindilles dans le tissu
  longueur traditionnelle là-bas révolutionnaire ici
  Agathe me disait
  si tu mets ta robe longue j'oserai mettre la
mienne
  ce soir-là elle a mis sa robe de noces
  j'ai mis ma robe longue vert d'eau en crêpe
  duo de robes de nonnes
  robes de noces

  le 24 mai c'était l'anniversaire de Bob Dylan
  cette nuit Benoît avait voulu se concentrer pour
voir Dylan
  nous étions rue Maître-Albert
  je regardais aussi la bougie que Benoît fixait
  Mathias ne disait rien pour une fois
  Samuel s'était couché en demandant qu'on le
réveille seulement quand Dylan serait là
  Hélène peignait
  c'était nouveau ça
  elle avait trouvé ça pour castrer encore mieux
tous ses mecs peintres
  Benoît se laissait aller en arrière
  j'y croyais pas

  puis tous les deux quand nous sommes sortis
nous avons poursuivi en courant comme des fous
la lune derrière les nuages à travers les rues
  je l'avais trouvée
  la lune

en descendant la Mouff

dans l'axe de la rue elle sortait d'entre les nuages blanche immense fixe je marchais vers elle puis comme j'allais tourner dans la rue du Pot de Fer les nuages l'ont masquée

la mer s'étend contre la lune

nous avions quitté la rue Maître-Albert pour laisser Samuel et Hélène faire l'amour
Bertrand a couru sur le boulevard Saint-Germain
des voitures arrivaient
j'ai hurlé il était fou j'étais folle
Dylan existait

***

le lendemain il pleuvait à cause de la mer sur la lune

je cousais au Pot de Fer
on a frappé
j'ai ouvert
c'était pas Benoît ni Brendan ni Marianne ni Agathe
trop tôt dans la journée
il n'était qu'onze heures
c'était Christine
dégoulinante de pluie
qui entrait en s'ébrouant comme un petit canard
prenant déjà toute la place envahissant l'espace
le temps la vie

elle débarquait comme ça de Nouméa sans crier gare

c'était plus possible avec son mari

elle avait pas prévenu mais elle arrivait chez moi se mettre à l'abri parce que qu'est ce qu'il pleuvait

et voilà elle était là

un peu ma faute aussi je lui avais jamais répondu

elle n'était pas seule à Paris elle allait habiter chez sa marraine

mais elle m'aimait trop pour avoir pu résister encore un moment à venir tout de suite me serrer dans ses bras

j'ai rangé les maillots de bain que j'étais en train de coudre

on a mangé un morceau

depuis le temps qu'elle rêvait de bouffer du camembert

elle parlait parlait

et puis on est descendues vers Maubert chez Hélène

Mathias était là et semblait trouver à son goût ce drôle de petit canard qui tombait comme ça de la dernière pluie

je sais pas si c'est tellement de moi que Christine avait besoin

j'ai fini par les laisser seuls

d'ailleurs je devais attendre mon petit frère
Thomas qui venait passer quelque jours au Pot de
Fer

***

le lendemain piscine rue de Pontoise avec
Thomas qu'il fallait occuper
après comme c'était tout proche on a apporté
des croissants chez Hélène Christine était déjà là
mais le petit Thomas s'impatientait

plus tard Agathe est venue m'inviter à déjeuner
au Mouff 5
elle avait rencontré deux mecs qui l'invitaient
j'ai dit mais il y a aussi Thomas
oh mais ça fait rien il faut qu'il vienne

Agathe trouvait tout normal et n'hésitait jamais à
mélanger les genres et les gens
Thomas ne s'était pas étonné non plus et on a
très bien bouffé
je sais pas comment Agathe s'en est sortie avec
les mecs

Thomas et moi devions partir à la recherche de
Brendan qui le lendemain devait l'emmener voir
l'exposition de Toutânkhamon
Thomas adorait Brendan
Brendan adorait Thomas
il disait que Thomas avait le troisième œil
c'est vrai quand il fronçait le front il se formait
comme un petit trou entre les deux yeux

Brendan n'était pas au Buci
nous sommes allés jusqu'à son hôtel
c'était la première fois que j'approchais son
antre

j'ai demandé à la femme en bas s'il était là
elle savait pas mais elle m'a indiqué sa chambre
nous étions encore en bas de l'escalier que déjà
je reconnaissais l'odeur
l'odeur ineffable de Brendan
mille fois plus forte que sur lui
cette odeur qui n'appartenait qu'à lui et que le
temps pluvieux ce jour-là exacerbait encore
cette odeur qui lui avait épargné le Viêt-Nam

je ne suis jamais entrée dans sa chambre
Lyane je crois y avait pénétré et pendant le
voyage à Stuttgart avait même entrepris d'y faire la
lessive et le ménage
tâches surhumaines

on a laissé le mot sous la porte
envahis par l'odeur
âcre et pénétrante
pas une odeur de crasse
quelque chose d'autre
mystérieux et caché par la porte
une odeur qui me manque maintenant et que je
recherche partout depuis des années et que je
crois saisir parfois quand il pleut trop vers
l'automne ou à la fin du printemps dans les sous-

bois au milieu des feuilles en décomposition ou des champignons

c'était ça l'essence de Brendan

Brendan ne se lavait jamais il devait être comme les moines puants de certaines sectes religieuses indiennes qui ne se baignent pas pour ne pas détruire la vermine qui couvre leur corps

pourtant Vivekananda avait dit

ce n'est pas en affaiblissant son corps qu'on atteindra l'illumination spirituelle

***

Brendan a donc emmené Thomas à l'exposition
exact au rendez-vous
fidèle à sa mission d'initiateur

on a demandé après à Thomas s'il était content

oui Brendan avait son bonnet comme ça sur la tête

il m'expliquait tout mais je comprenais pas très bien parce que il parlait tout bas

dans sa moustache

oui c'est ça

t'as vu le masque de Toutânkhamon

oh il était tout petit ça devait pas être le même que dans mes livres alors on est juste passés devant ça m'intéressait pas

et Brendan

ben il me suivait en expliquant d'où ça venait pourquoi c'était fait comme ça ce que ça représentait les symboles je crois qu'il a dit il faisait

des petits gestes avec les mains mais vraiment j'ai
pas compris grand-chose

c'est tout ce qu'on a pu en tirer
Brendan l'avait conduit avec beaucoup de
sérieux
il avait dû lui parler en oubliant que Thomas
n'avait que huit ans

mais la journée de Thomas n'était pas finie
il y avait encore le vernissage de Samuel rue
des Blancs-Manteaux
Thomas et Samuel l'un près de l'autre même
peau foncée mêmes yeux sombres même visage
d'enfant sérieux comme deux frères

Hélène était encore plus émue que d'habitude
dans ses penchants maternels
Thomas était très impressionné par la petite
calotte que Samuel avait posée sur sa tête comme
pour une cérémonie
il semblait que notre arrivée en force n'était pas
très bien perçue
nous nous sentions exclus il valait mieux partir
nous avons regardé assez vite l'exposition
Samuel mal à l'aise a dit
je vous rejoins tout à l'heure rue Maître-Albert
Hélène a accepté

nous avons tous attendu avec elle
presque tous les soirs maintenant nous les
passions chez elle

à attendre Samuel peut-être

cette nuit-là quand il est rentré il a fait plein de
dessins sur le mur pour se défouler
des têtes des pieds dans tous les sens
hallucinés et lucides
Hélène ne disait rien
elle devait même lui passer les crayons feutres
en s'efforçant de ne pas penser à Jean qui avait
dû payer une reprise pour la toile de jute en louant
le studio
Thomas les regardait faire en s'endormant

***

j'avais rendez-vous avec Christine à la piscine le
samedi matin
Mathias nous y a suivies
il nous quittait pas d'un pas
et Franck qui venait de rentrer de Pau et qui
juste apprenait qu'Hélène s'était trouvé un autre
mec en son absence
c'était beaucoup pour lui
alors la piscine quel exutoire surtout pour un
sportif comme lui
il ressemblait un peu à Schroeder le petit garçon
qui adore Beethoven dans Peanuts ma lecture
favorite surtout le petit album Good Grief Charlie
Brown que j'ai dû relire des centaines de fois
j'y trouvais beaucoup de ressemblances avec
notre petite bande

Lucy c'était Christine quand elle se mettait à emmerder tout le monde

Mathias c'était un peu Charlie Brown notre souffre-douleur à tête ronde

Schrœder c'était Franck la même façon de se mettre en forme le matin gymnastiques haltères course à pied puis grande assiette de corn flakes enfin le piano et la concentration

même sérieux chez Franck qui aimait la force de son corps et s'abîmait dans la peinture

et puis nous fêtions l'anniversaire de Bob Dylan comme Schrœder fêtait l'anniversaire de Beethoven

Christine adorait nager

je lui faisais essayer mes maillots de bain une pièce

les deux-pièces c'était pour moi pour ma non-poitrine

elle avait le ventre tout fripé par sa grossesse et ne voulait pas le montrer mais elle aimait mes maillots qui mettaient en valeur ses épaules

j'ai de belles épaules Benoît me l'a dit

Benoît tiens

je croyais qu'elle en était restée à Mathias

j'oubliais que la mère Christine était déjà à Paris depuis quatre jours et qu'en quatre jours elle avait eu le temps de rattraper le temps perdu

elle plongeait et replongeait avec une énergie qui nous épuisait

l'eau c'est ce qu'elle préférait à Nouméa une
chance
mes maillots tenaient le coup
Franck m'exhortait à nager toujours plus loin
toujours plus longtemps pour aguerrir mon souffle
avec lui le long de moi je n'avais plus peur

Christine dans l'eau m'a dit
l'amour c'est ma drogue
je comprenais pas

elle m'a accompagnée à ma séance de photos
avec Mathias dans le studio de la rue Maître-Albert
elle était ravie de m'aider à m'habiller et me
maquiller
les dessins de Samuel servaient de toile de fond
un brin lubrique à mes modèles gentiment pervers
la chatte Chloé passait dans le décor
c'était la chatte d'Hélène
une fille de la chatte de Jane

***

le soir on est allés dîner chez le Grec avec John
et Hélène
où était Samuel il disparaissait souvent
c'est peut-être pour ça qu'Hélène avait
empreinté à Agathe une Bible
pendant des jours et des jours on l'a vue la Bible
à la main
après on est rentrés chez Hélène écouter des
disques
je lisais le Vogue anglais

l'atmosphère était lourde

Franck et Hélène ne se parlaient pas

ils s'étaient peut-être tout dit

il écoutait la musique comme s'il allait se noyer avec un désespoir incommensurable

Hélène fumait comme toujours

dans le Vogue anglais j'ai trouvé une petite fille qui me ressemblait

longs cheveux et grosse frange

son regard était juste un peu plus frondeur que le mien

pourtant c'est une petite fille comme ça que je voudrais et j'aimerais trouver celui qui me fera une petite fille comme ça

tard dans la soirée Agathe est rentrée avec Sam

elle était complètement saoule

il l'avait emmenée dîner chez Gaudéamus à la vodka et elle avait perdu son sac

c'est à dire qu'en sortant elle l'avait posé sur le capot d'une voiture à l'arrêt pour remettre sa chaussure ou quelque chose comme ça et qu'elle l'avait oublié

elle avait un peu de fric et tout dedans mais ça n'avait pas l'air de l'inquiéter

ce qui l'ennuyait et elle cessait pas de le répéter c'est que ses contraceptifs étaient aussi dans le sac alors qu'est-ce qu'elle allait faire ce soir

elle aimait bien Sam parce qu'il pouvait être tout ce qu'elle voulait

lion aigle taureau prince adolescent

tout quand il lui faisait l'amour

ça a un peu allégé l'atmosphère cette arrivée d'Agathe
puis je suis rentrée au Pot de Fer avec Christine
demain c'était la fête des mères et j'avais à terminer un manteau pour maman
Christine allait venir avec moi à Saint-Leu
elle n'avait pas de mère
sa mère était morte dans sa petite enfance
était-ce cette frustration de départ qui la rendait si avide de contacts
elle se ruait sur nous de toute la force de sa bouche affamée et de ses mains en caresses qui nous faisaient frissonner

une grande partie de la nuit nous avons parlé de tous ses problèmes d'affection cette soif d'amour inextinguible pendant que je cousais

vers trois heures du matin Marianne est arrivée
elle était dans le quartier Mouffetard c'était plus facile de rester dormir ici
elle avait toujours sa clé
on s'est serrées touts les trois dans le grand lit
Christine à moitié sur moi comme d'habitude

***

à Saint-Leu Christine m'a demandé
eh dis t'as pas un produit pour ton chien
j'avais du mal à comprendre mais ce genre de choses on s'y fait vite

elle avait attrapé des morpions eh oui
elle avait l'habitude
c'était pas grave elle disait
juste un peu de poudre à puces sur la margotte
et c'était fini
ah bon

mais Christine était triste
c'était la fête des mères
elle était une mère
son bébé était loin
elle l'avait laissé là-bas
elle s'était sauvée
pourtant elle restait une mère

***

le soir nous sommes rentrées à Paris pour aller
voir Ava
elle aussi était une mère maintenant
elle portait une grande robe imprimée dans les
rouges les noirs genre gandoura
elle faisait très mère juive donnant le sein à son
bébé

c'est là qu'on a commencé à se déglinguer

juin 67 le quartier

nous allions voir le bébé et Ava tous les jours
et là pendant des heures nous écoutions parler
la tante d'Ava
elle parlait en portugais
Ava traduisait
mais sans savoir cette langue nous comprenions
avant même qu'elle traduise
nous étions rivées à ses paroles comme à une
bouée de sauvetage
savoir
voir
ce qui se passerait demain
et plus tard

moi j'allais créer une boutique de mode
et avoir un enfant
pour me réaliser
ça m'apporterait beaucoup d'expérience et de
maturité
un an après la naissance du bébé je
rencontrerais quelqu'un qui m'épouserait
j'aurais une petite fille
j'ai très envie d'avoir une petite fille comme celle
de l'affiche du Vogue anglais naïve et frondeuse

***

je cousais je cousais
les journées se courbaient derrière ma machine
à coudre pendant que Benoît et Agathe

poursuivaient leur rêve intérieur en se balançant au gré du hasch

parfois Christine était là aussi

mais elle ne tenait pas en place longtemps

son petit derrière de canard était toujours en mouvement

plouf plouf plouf

jamais vu ça

Agathe me reprochait de mal tenir mes ciseaux quand je coupais les tissus

elle disait avec son sourire fondant

il faut mettre le gros bout en bas ma maîtresse disait ça à l'école

c'est vrai au fond j'ai jamais appris à coudre je fais ça d'instinct

elle insistait pour que je double en soie mes robes de satin ou de velours pour que mes modèles soient plus voluptueux

elle aimait les belles choses les beaux foulards les bijoux

son éducation avait été très bourgeoise

elle anoblissait tout par le regard qu'elle portait sur le monde

elle avait tenté beaucoup d'expériences

au lieu de se laisser atteindre elle épurait tout

Brendan ne jugeait pas par conviction mystique

Agathe ne jugeait pas par amour universel

rien n'était mal

tout était normal

personne n'était mauvais

tout était beau

son être entier respirait le plaisir
quand elle faisait un geste elle le faisait jusqu'au
bout lentement avec plénitude et jouissance
présente et énigmatique dans son demi-sourire

c'est peut-être Agathe qui transcendait le monde
par son plaisir
et non Brendan par sa chasteté
elle se contentait de rien ou de tout
suivant les jours de camembert ou de caviar

Agathe aimait les calcédoines comme j'aimais
mon aigue-marine

c'est le hasch qui donnait à Agathe ses yeux
brillants qu'elle maquillait au khôl
ça faisait parfois des petits points noirs au coin
de l'œil mais aussi le regard profond mystérieux et
très envoûtant
quand elle me regardait et qu'elle disait
oh Marine tu as une si jolie robe et c'est toi qui
l'as faite
je me sentais fondre de plaisir

j'acceptais parfois la cigarette de hasch tendue
pensant que ça pouvait m'inspirer pour mes
maillots de bain ou mes robes
le thé prenait une importance de plus en plus
grande dans nos vies

c'est peut-être alors que la faim est venue

lente d'abord insinuante obsédante trompée par
une cigarette la tasse de thé ou le café au Buci
nous écoutions pendant des heures la voix
rocailleuse de Dylan Thomas disant ses poèmes
sur les disques laissés par Lyane avant son départ
pour New-York
voix de mer
voix de cathédrale
qui s'infiltrait en nous comme dans une plaie

***

je voyais de moins en moins Brendan qui
travaillait à sa thèse
je ne m'inquiétais plus comme la première fois
j'avais beaucoup de rendez-vous avec des
modélistes des photographes américains avec la
directrice d'un cours de théâtre où Anne jouait pour
faire les costumes de pièces irlandaises de Sean
O'Casey

un midi où il pleuvait Franck m'a donné au Buci
un ticket de métro
il avait dessiné quelques traits autour du trou de
la poinçonneuse et avait écrit un soleil pour toi
fétichiste comme je suis j'ai gardé ce ticket qui
doit être encore dans mon portefeuille

Fire Gin un autre jour nous a donné à Brendan
et à moi un poème qu'il avait écrit pour nous deux
je l'ai aussi gardé

nous errions entre le Pot de Fer et la rue Maître-
Albert

Christine avait eu le temps outre Mathias et
Benoît de se taper Franck mais ça je voulais pas le
croire

Hélène disait pourtant

crois-moi je connais Franck et d'après ce qu'elle
m'a dit elle le connait aussi tu peux me croire

un soir je suis restée dormir rue Maître-Albert
avec Franck

Hélène est sortie avec Samuel dans la nuit
elle m'avait dit

reste avec Franck et surtout dis-lui que je suis
heureuse c'est ça qui importe pour lui

mais toi où tu vas dormir

t'inquiète pas pour moi tu sais j'aime pas dormir
alors reste avec lui il est malheureux et je l'aime
bien

Franck ne comprenait pas pourquoi tout avait
changé brusquement

il comprenait pas Hélène

il disait Hélène est un peu frigidaire

et il pensait qu'elle n'était pas heureuse

j'ai dormi

et lui toute la nuit a répété

Ich habe Angst Marine

et je n'entendais pas

un autre soir où la rue Maître-Albert était trop bruyante Franck est venu dormir avec moi au Pot de Fer

il était toujours malheureux

il m'a pas touchée

qu'est-ce que j'espérais au juste

il devait avoir peur de me déchirer de m'éventrer

je l'avais éveillé au matin avec le Voyage d'Hiver de Schubert

il écoutait toujours la musique comme si c'était la fin du monde

il m'a serrée longtemps contre lui en fermant les yeux

il murmurait

Ich habe Angst Marine

***

le lendemain il repartait en Hollande avec Christine

ça c'était décidé très vite

lui n'avait plus rien à espérer ici

Christine pouvait partir n'importe où n'importe quand personne ne l'attendait et elle avait le monde à dévorer

dans l'après-midi rue Maître-Albert Franck nous a offert une rose à chacune Hélène Christine et moi

Brendan est arrivé

j'étais peut-être jalouse de Christine et de sa façon d'être toujours en mouvement les fesses surtout comme les canards

Brendan avait l'air de marcher dans le jeu

je voulais pas voir ça

pas comme les autres pas cet air lubrique qu'avaient tous les types en regardant Christine

pas lui il avait fait voeu de chasteté pas le droit

nous avons dîné ensemble dans un restaurant vietnamien de la rue Galante

Brendan faisait des signes avec les mains

jusque-là je les trouvais belles ses mains fines et blanches comme indépendantes désincarnées presque éthérées suspendues dans l'espace détachées de son corps grossièrement habillé

et là soudain ses signes de prière me paraissaient artificiels

Christine en rajoutait

Franck se taisait

et moi ils m'agaçaient

c'est peut-être Christine qui m'a fait perdre Brendan par ma jalousie agressive par peur de le voir détruit dans mon esprit je l'ai fait tomber dans mon rêve

j'avais pas compris que Christine et Brendan du signe du Verseau tous les deux Christine avec sa tête d'ange démoniaque Brendan avec sa tête de diable séraphique Christine s'envoyant en l'air à chaque coin de rue derrière chaque porte Brendan en refusant par vœu tout contact charnel malgré ses désirs je n'avais pas compris que tous deux cherchaient désespérément la pureté et l'extase

ce soir-là pour être sûrs de partir ensemble
Franck et Christine sont venus dormir au Pot de
Fer
Samuel était allé retrouver Hélène rue Maître-
Albert
Brendan nous a suivis jusqu'à la maison
il a demandé s'il pouvait rester dormir
par terre ça lui conviendrait très bien
en signe d'humilité voyons
il y avait toujours le petit matelas où dormait
Hélène cet hiver et le sac de couchage militaire des
surplus de l'armée américaine hérité d'un beatnik
Franck pouvait dormir entre Christine et moi
ben voyons j'y comptais bien

nous nous sommes couchés
tout était calme
Brendan a demandé s'il pouvait faire le yoga
aucun inconvénient
il était déjà par terre
il a fait le yoga
longtemps semble-t-il
Franck me caressait doucement
puis Brendan a demandé
est-ce que je peux chanter
j'ai soupiré oh non
mais Christine a dit oui
tu peux pas l'empêcher de chanter quand même
c'est vrai alors oui
et Brendan a chanté
des mantras
à n'en plus finir

la mantra
la mantra obsédante et insupportable que
psalmodiait La Barraca en me passant de l'huile de
lotus le long du dos
pas possible
do not remember
try not to hear

les oreilles bouchées
les caresses
ça va disait Franck n'ayez pas peur Marine
et Christine furetant toujours du côté de mes
seins y rencontrait la main de Franck et constatait
mais il te caresse
Franck le cher et tendre Oreste blond poursuivi
par les Erinyes à bout de force se résolvait à dormir
en sens inverse pour ne plus subir mes sautes
d'humeur ni les assauts jaloux de Christine
et Brendan chantait toujours ses mantras
son récital de mantras
le cinoche le show
alors
c'était ça qu'il était Brendan
seulement ça

ne pas rêver ne pas regretter
il faudrait n'être pas déçu par les autres
il y a toujours quelque chose de fini ou de pourri
comme disait l'autre dans le royaume d'Elseneur

fuir là-bas fuir
tout a déjà été dit

nuit démente
lousy world
c'était pas vrai c'était trop
de l'exibitionnisme du folklore
c'était tout ce qu'il savait faire Brendan
je n'aurais jamais dû y croire

***

at my door the leaves are fallin' the cold wild
wind will come
sweet hearts walk by together and I still miss
someone
no I never got over those blue eyes I see them
everywhere

était-ce à cause des yeux de Brendan ce matin-
là je chantonnais cette chanson de Joan Baez
Brendan est parti je ne sais où
et nous sommes allés prendre le petit déjeuner
chez Benoît rue de l'Université où dormait aussi
Agathe
Franck et Christine avaient rendez-vous sur
l'Esplanade des Invalides avec des hollandais
rencontrés la veille par elle bien-sûr qui devaient
les conduire à Amsterdam
nous les avons accompagnés

Franck écrasé de tristesse me serrait à faire mal
je voudrais rester
je ne disais rien
il aurait peut-être suffi d'un mot

reste
tout aurait pu être différent
j'essayais de pas pleurer
on pleurait beaucoup à cette époque
mais j'ai pas pleuré
j'ai rien dit
il est entré dans l'auto sans ajouter un mot et ne
nous a plus regardés
Christine nous a embrassés goulûment
ma petite chérie je t'écrirais my little balloon

***

ils sont partis
il faisait chaud sur Paris
nous restions seuls Benoît Agathe et moi
comme avant
Hélène pas loin Brendan non plus
nous allions voir Ava et le bébé et la tante d'Ava
MyJo
peut-être Sam et John
Nigel reviendrait
comme avant
tout allait recommencer
entre nous

***

mais c'était le lundi 5 juin
et c'était la guerre
entre Israël et les pays arabes
c'était la guerre
et hier soir Brendan chantait
c'était la guerre

et cet après midi je passais mon examen de sociologie à la Sorbonne avec un sujet sur l'état monopole de la violence politique

paralysie totale

j'étais crevée aussi

pas d'avoir travaillé pour mes examens j'avais rien préparé

mais d'avoir passé des nuits blanches ces derniers temps depuis l'arrivée de Christine quand tout avait été bouleversé

un sujet pareil là-dessus c'était pas supportable

tout me revenait à la gorge

les images entrevues à la télé

les titres des journaux

et puis les paroles de Shantidas

ma recherche de non-violence

qu'est-ce que j'ai pu raconter j'ai pas dégueulé tout ce que j'avais sur l'estomac mais un peu quand même et je suis sortie au milieu de l'épreuve au bout de deux heures pour aller respirer un coup

rencontré rue Mazarine Terry américain naturalisé israélien qui m'invite à aller fumer Hôtel du Sud à l'hôtel de Brendan

je refuse je dois retrouver Benoît chez Tina un café un peu plus loin au coin de la rue Jean Callot

et puis j'ai décidé il y a quelque chose comme deux semaines de ne plus fumer parce que ça m'énerve cette complaisance après le hasch dans la prolongation factice de l'effet et cette impuissance à faire quoi que ce soit d'autre ou à se bouger le cul cette impossibilité d'agir de décider c'est trop illusoire et éphémère et d'ailleurs moi ça m'inspirait pas du tout pour mes maillots de bain ni rien et je ratais tous mes rendez-vous alors j'ai arrêté ça m'apportait rien

mais Terry très sensibilisé le prend comme un affront personnel

il dit qu'il doit partir le lendemain par le premier contingent pour Israël

et si je viens pas le voir ce soir-là il reviendra jamais

si j'y vais il a une chance de revenir qu'il dit

je lui porterais chance quoi

sinon je le reverrais jamais

moi je suis épuisée nerveuse obsédée par cette guerre

le temps est accablant on attend que l'orage éclate sur Paris aussi

Terry repoussant

son copain étrange

high déjà sans doute

je dis non parce que j'ai envie de rien sinon me laisser couler jusqu'au trottoir et dormir seulement dormir

avec Terry c'est toujours comme ça

il y a quelque chose de repoussant en lui ses moustaches couleur d'herbes sous des yeux de vase et en même temps il a simplement besoin qu'on soit gentil avec lui il espérait comme j'étais l'amie de Brendan que je serais simplement gentille avec lui

mais même ça ou surtout ça j'y arrive pas

je suis pas assez maternelle pour ça

***

j'ai retrouvé Benoît chez Tina dans son drôle de café qu'on remarque à peine en passant tellement il est intégré et fondu dans le paysage

il est resté comme avant avec le vrai zinc et les tableaux que Tina recevait des peintres des Beaux-Arts proches

c'est tout calme rien n'a changé

on peut tout rêver dans ce café désuet où Tina est à peine visible

bien-sûr on peut pas demander de nous servir ce qu'on sert dans un café normal elle nous a fait deux chocolats comme à la maison dans l'ancien temps

ça nous a reposé du Buci qu'on supporte de moins en moins

ici c'est l'endroit rêvé pour faire une boutique de mode

rien à transformer

le nombre de pièces qu'il faut

les portes-manteaux sont déjà là

les glaces aussi

la couleur marron laqué des murs me plaît

ça ferait ressortir toutes mes teintes de tissu des satins au velours

mais jamais Tina n'acceptera qu'on en fasse une boutique tant pis

ou plutôt tant mieux parce que c'est devenu rare des endroits comme ça à Paris hors du temps

au carrefour des influences pourtant

entre la Coupole immortelle et les Beaux-Arts

plus tard on repasse devant le Buci
Terry est là m'appelle
Benoît entre je le retiens
et je m'en vais
pourquoi j'en sais rien

le soir ma sœur parle d'Israël
tout le monde parle d'Israël
en prenant des airs de circonstance

le lendemain en m'éveillant je vois les journaux
au pied de mon lit
j'essaie de lire
mais je comprends rien rien rien
pourquoi on parle que d'Israël
et les autres en face alors
je hais la violence légitime ou pas
d'ailleurs aucune violence n'est légitime
je hais les impérialistes
et je vois pas la différence avec les Israéliens

mais Terry
parti par le premier contingent
reviendra pas
angoisse remords
ce sera peut-être ma faute
non c'est con
quelqu'un m'a dit hier s'il doit mourir il mourra
je ne changerai rien à son destin mais ce matin
je culpabilise

après tout ça me demandait presque rien d'aller
le voir
simplement être gentille avec lui
c'est tout ce qu'il voulait
mais pour lui c'était important
et surtout je sais qu'il est parti avec l'idée qu'il
reviendra pas
non c'est con
ça a duré trois jours cette angoisse

Terry en fait n'est pas parti ce jour-là
l'avion a embarqué les munitions mais a laissé
les hommes
je crois bien qu'il n'y est jamais parti du tout
encore un fantasme
un faux problème

***

deux jours plus tard on donnait une party au Pot
de Fer
Marianne m'a dit le soir au Buci
invite Terry faut être gentille avec lui il est très
perturbé en ce moment
ah bon
je l'ai invité
il est venu à l'heure dite
en disant que dans son pays quand on est invité
quelque part c'est la tradition d'offrir des fleurs et il
m'a tendu un petit bouquet de plantes séchées
enveloppées dans un morceau du New-York Herald
Tribune je crois bien que c'était la page de Peanuts
oh what's that

dear it's just marijuana

c'est le plus joli cadeau que j'ai reçu au Pot de Fer à une partie

j'en ai pas profité d'ailleurs

quelqu'un l'a pris

au cours de la soirée une cigarette a circulé mais il y en avait beaucoup plus que pour une cigarette le type qui l'avait pris m'a confirmé l'avoir caché dans un des placards

naïvement je l'ai cru

on n'a jamais rien trouvé

mais pour Agathe cette piaule dégueulasse du Pot de Fer a gardé la magie du trésor dans la maison du Petit Prince

on savait pas s'il y avait quelque chose

mais peut-être c'était là

***

puis Terry a disparu

est-il parti en Israël

peu probable

comme tous les américains du Buci il errait

on l'a oublié

c'est vers cette époque qu'Hélène a perdu Samuel

derrière une poubelle un matin

il avait dû dire

je reviens dans dix minutes

elle ne l'a jamais retrouvé

mais elle a lu la Bible avec encore plus d'attention qu'avant

et elle a passé des nuits entières à le chercher
derrière les poubelles
du Quartier
au Marais

tous les jours elle allait interroger la tante d'Ava
pour savoir s'il reviendrait
jamais d'ailleurs la tante d'Ava ne lui a dit oui
mais Hélène espérait toujours

et puis Jean a réintégré la rue Maître-Albert
il a pensé qu'après tout c'était lui le locataire
il avait dû sentir que Franck était reparti et que
Samuel s'était fait la malle
les comiques avaient dégagé comme il disait
cyniquement
il pouvait revenir
mais peu après Hélène s'est engueulé avec lui
elle a jamais supporté qu'on se sente des droits
sur elle
il la faisait chier avec des histoires de fric
elle a fait sa valoche pris sa chatte siamoise
Chloé sous le bras
parce qu'elle avait une chatte siamoise depuis
quelques temps une fille de la chatte de Jane
et le soir elle a redébarqué au Pot de Fer

ma chérie je la retrouve
comme toujours

mais elle est beaucoup plus nerveuse qu'avant
elle parle souvent de Samuel

elle ne parle même que de lui

elle dort peu très peu

elle mange encore moins

mais ça a toujours été comme ça

elle peut crever de faim mais jamais elle n'oublie d'acheter du Ron-Ron pour Chloé même si ça liquide ses derniers francs

elle dit au moins elle elle mange si moi je peux pas manger

Hélène elle se nourrit de café et de cigarettes

elle fume encore plus qu'avant

des Boyards maintenant parce que Samuel fumait des Boyards et que c'est phallique à souhait ça lui fait mal à la bouche mais tant pis

parfois elle s'endort la nuit avec sa cigarette ou alors elle se réveille en sursaut croyant s'être endormie avec sa cigarette imaginant les draps le lit en flammes et elle frappe tout autour d'elle en demi-sommeil obsessionnel

elle m'a demandé de ne rien dire à Anne ça l'inquiéterait

c'est vers cette époque aussi qu'Agathe a attrapé une drôle de maladie

des petits microbes de je savais pas trop quoi

il fallait lui faire des piqûres de pénicilline

je suis allée avec Benoît acheter une seringue à la pharmacie du coin

on est sortis de là sous les regards hostiles des autres clients qui devaient nous prendre pour des toxicomanes

Benoît a fait la piqûre

Agathe n'a rien senti

après il a avoué que c'était la première fois de
sa vie qu'il faisait une piqûre mais faut savoir tout
faire il a dit il suffit de bien respirer

il a ajouté

quand je pense que ce sont les hommes mes
semblables qui lui ont filé ça ça m'humilie

je comprenais pas de quoi il parlait
depuis j'ai appris

***

vers cette époque encore il y a eu une épidémie
de gale à Saint-Germain

j'ai pensé connement que ce genre de maladie
je l'attraperais pas mais trois ou six mois plus tard
on l'avait tous

ça doit être encore Christine qui nous a refilé ça
à force de se faire baiser dans tous les coins à son
retour d'Allemagne après la Hollande

le médecin avait d'abord cru à une allergie au
savon par exemple

nous on pensait plutôt à une allergie au hasch
ça arrive il paraît
mais allergie mon cul
c'était la gale
on l'a tous eue

en tout cas si ça vous arrive
c'est facile suffit de savoir

ça commence par des petits boutons qui démangent le soir surtout sur les avant-bras et les mains

alors faut aller à l'hôpital Saint-Louis faut pas avoir peur ils ont l'habitude

en général ça s'attrape en chœur enfin en groupe

le plus atteint va à la consultation et là on lui donne un petit bon pour un bain pour tous ses petits camarades

là faut aller dans un autre bâtiment où l'on se fait badigeonner allégrement de haut en bas dans tous les coins et replis

on se rhabille

et ensuite faut pas se laver pendant 48 heures le temps que ça fasse son effet

en général on a de la place dans le métro les gens s'écartent tout de suite pour vous laisser passer

ça fait une bonne partie de rigolade quand on y va en nombre

et rien que pour voir la gueule du pharmacien on peut s'offrir le luxe d'aller en plus lui demander s'il n'a pas quelque chose contre la gale c'est à peine s'il osera vous faire payer

la lutte des classes passe par la gale

il est recommandé de faire nettoyer les vêtements les draps et tout ça dans les cas graves on peut faire brûler du souffre dans l'appartement de quoi assommer n'importe qui microbe ou pas

la gale pour Hélène c'est aussi un de ses souvenirs les plus humiliants quand elle travaillait dans un journal de spectacles à mi-temps
un soir le patron qui la trouvait belle évidemment s'asseoit près d'elle pour la draguer
elle recule instinctivement
lui se rapproche en disant
mais pourquoi me fuyez-vous ainsi vous n'avez pas la gale j'imagine
et justement elle l'avait

***

combien de temps ça a duré
le Quartier
le Buci
notre home
notre havre
notre refuge
contre le monde outside
et notre désespoir du monde

les jours de soleil tout semblait possible
un petit blanc sec
qu'est-ce que nous buvions quand-même
et dès que quelqu'un était un peu riche il payait un pot plus fort
c'était calva pour Ava et crème de banane pour Hélène

et l'angoisse qui nous tombait dessus le long des jours pour nous étreindre la gorge au soir

Buci étrange et fascinant
Buci dont le néon le soir nous attirait comme des
papillons
Buci auquel on revenait malgré nous
pour rencontrer je ne sais qui
pour attendre je ne sais quoi

***

la tante d'Ava
tous les jours maintenant
jusqu'au délire
jusqu'à l'hallucination

elle était étrange cette femme
belle pas vraiment
moins barbare qu'Ava
moins grande dans l'espace
elle tenait moins de place
elle était même toute fine et discrète silencieuse
souvent
il est vrai qu'elle ne parlait ni ne comprenait le
français

la chambre d'Ava lui convenait
minuscule au point qu'on se demandait
comment deux femmes plus un bébé pouvaient y
vivre
mais elle en faisait par sa présence un havre au
sommet des six étages
elle y mettait une lumière et une douceur
insoupçonnées
tout ce qu'elle faisait était bien fait

elle repassait le linge du bébé avec méticulosité

ses gestes étaient à la mesure de la petite table

elle préparait à Ava des plats sains pour la retaper

c'était l'enfance retrouvée avec cette femme

la dînette

je m'asseyais sur le petit banc et elle me versait une infusion de thym dans une petite tasse

c'était à ma dimension

je me sentais bien ici

le bébé dormait dans son couffin soutenu par une pile de magazines de mode

j'apportais des crayons de couleur à Ava pour qu'elle dessine ce qui lui passait par la tête

et j'attendais

la tante d'Ava ne répondait jamais aux questions

elle n'a jamais pu dire à Hélène si Samuel reviendrait ou pas

j'aimais bien ça j'ai jamais aimé les questions et j'ai jamais su les poser ni y répondre

parfois elle se taisait longtemps

et puis elle parlait

ou ne parlait plus

et on attendait on espérait

voir savoir croire

que le rêve ne s'arrêterait jamais

elle racontait ce qu'elle voyait

simplement

en se concentrant sur nous

à moi elle donnait des conseils d'alimentation saine

comme de prendre tous les matins avant le petit déjeuner une petite cuillerée à café de bicarbonate de soude pendant deux mois

et de manger ce qu'elle appelait de la compota faite avec des pruneaux des abricots des figues deux de chaque six par jour il fallait les faire cuire avec 4 cuillerées de sucre et une tasse d'eau faire macérer tout ça et le prendre pendant huit jours

le neuvième jour il fallait prendre une cuillerée à café d'huile de ricin

belle purge

beau programme

j'ai jamais eu le courage de suivre ses conseils à cause de l'huile de ricin peut-être je préfère la mettre sur mes cils pour les fortifier

j'ai peut-être eu tort

elle conseillait aussi les pastilles Jessel pour les vitamines et D et le potassion

le potassion d'ailleurs était son remède miracle elle affirmait que l'humanité allait à sa perte parce qu'elle manquait de potasse

elle disait aussi qu'elle travaillait avec d'autres clairvoyants sur le cancer mais elle ne pouvait pas encore en parler

elle nous recommandait à Benoît et moi très myopes tous les deux des exercices de concentration de la vue inspirés du yoga

c'était étonnant

cette femme ne lisait pas

mais elle connaissait tout ce qu'il est dit dans les livres que lisait Brendan et que je lis depuis

nous notions scrupuleusement ses conseils ses
paroles
nous la vénérions
pas comme une mère
la déesse de la fécondité et de la maternité
c'était et c'est toujours pour nous Ava notre déesse
mère universelle
comme une sœur plutôt
et cette femme ne demandait rien
rien d'autre qu'être écoutée
notre attention était son plus grand bonheur
notre plus beau remerciement
elle vivait hors du monde
au-dessus du temps
mais elle savait rire en feuilletant le recueil de
Peanuts que je venais d'acheter à la librairie 83 du
Boul'Mich en venant chez Ava
surtout aux histoires sans paroles bien-sûr
quand Snoopy arrache la couverture de Linus et
se retrouve tout bête

***

on a très vite reçu une carte de Christine et
Franck postée de Bruxelles

my little balloon nous faisons un voyage très
agréable et je pense bien à toi et à Charlie Brown
Franck avait ajouté un gribouillis traduit par
Christine
mot d'amitié de Franck compréhensible
seulement pour initiés équivalent good grief

et aussi très vite une lettre de Amsterdam où elle racontait leur parcours

au moment où elle écrivait Franck était en train de fouiner dans un tas de papiers et lui montrait ses oeuvres anciennes

Hélène est devenue encore un peu plus pâle en lisant ça

Christine demandait aussi

est-ce que quelqu'un peut faire un effort et envoyer à Franck les chaussures qu'il a oubliées chez Benoît

my little balloon je compte bien sur ta lettre

à très bientôt de te lire tiens-moi au courant de tes travaux ici j'ai bien écarquillé les yeux pour trouver des idées dans les magazines mais ils sont vraiment pas au parfum et question maillots de bain ils sont zéro

see you soon

je t'embrasse mille et mille fois très affectueusement et plus encore si j'ose

***

Agathe avait trouvé une chambre près des Halles mais ça n'a pas marché longtemps alors Jean l'a hébergée rue Maître-Albert

ça tombait bien il révisait ses examens elle aussi

on n'aurait jamais cru que Agathe pouvait avoir des examens à passer elle semblait vivre dans un siècle où l'on ne passait pas d'examen surtout les femmes mais elle avait en principe cette année et celle d'avant préparé l'École du Louvre elle se disait que peut-être pourquoi pas elle pourrait passer les examens

Jean travaillait vraiment

ils dormaient tous les deux dans le même lit ou plutôt sur le même matelas à deux places posé par terre

il la laissait dormir

ça lui était jamais arrivé à Agathe

et elle en perdait le sommeil

mais Jean n'a pas eu à s'en plaindre

il disait qu'elle n'était pas plus dérangeante qu'un meuble et même encore moins puisque la nuit les meubles craquent

***

je devais aller voir les 24 Heures du Mans avec Benoît

nous devions partir dans l'après midi du vendredi

mais j'avais des tas de trucs à finir mes costumes de théâtre à faire

et puis la peur je crevais de peur de partir sur les routes en stop sans un franc en poche

peur d'avoir faim même si nous allions chez des amis de Benoît au Mans

ça me nouait le ventre

Benoît qui comprenait toujours très vite sans qu'on lui explique m'a dit en arrivant au Pot de Fer

de toutes façons après ce que je vais te dire tu ne partiras pas

Nigel est revenu

il était arrivé un vendredi il était reparti un vendredi de la semaine suivante
il revenait le mois suivant un vendredi
c'est toujours le vendredi que les choses importantes arrivent pour moi

Benoît est parti seul le ventre noué peut-être aussi
mais il pensait que pour moi c'était mieux de rester à Paris

je suis restée au Pot de Fer
très nerveuse
sans pouvoir m'empêcher de penser à lui qui avait juste en poche un ticket de métro pour aller jusqu'au pont de Saint-Cloud
au retour il n'aurait plus rien
et j'aurais été bien en peine de lui filer quoi que ce soit pour l'aider

alors pour tromper l'angoisse un seul remède
être active
j'ai tout rangé et arrangé
et dans une crise de délire narcissique j'ai foutu un tas de photos de mode sur les murs partout de haut en bas
Twiggy la Shrimp Verushka tous ces mannequins qui me décomplexaient de ma maigreur comme Audrey Hepburn l'avait fait au cinéma en me faisant rêver depuis mon enfance

quand Givenchy lui consacrait ses premières
Collections Haute-Couture
    mais Chloé semblait avoir une griffe contre
Twiggy
    faut dire qu'elle était folle cette chatte
    rue Maître-Albert elle grimpait brusquement sur
la toile de jute et labourait les dessins de Samuel
    ici elle sautait sur les rideaux ou sur Twiggy
    décidément c'était toutes ses griffes qu'elle avait
contre Twiggy
    après ça j'ai réfléchi
    ça faisait trois semaines que je réfléchissais
    mais de toutes façons je crois en mes intuitions
du moment
    c'est seulement en le revoyant que je saurai

    ***

    j'ai revu Nigel
    il est toujours aussi beau
    aussi touchant aussi troublant
    aussi éperdument sain

    rien n'avait changé
    tout a été si simple évident quand il m'a
demandé
    may I come to your place and talk with you
    yes of course you can come each time you want
I'll be there waitin' for you

    terribles ces premières paroles
    parce que maintenant je pourrais attendre Nigel
toute ma vie

pourtant Nigel on peut pas le retenir
il le sait je le sais
il faut toujours qu'il parte
et puis je sais pas si on peut le supporter plus
d'une semaine

but he drives me completely crazy

il viendra mardi à deux heures et demi
j'ai donné l'adresse et tout
et j'ai demandé ce qu'il voulait manger
des raviolis
parce que son père en bon américain est
d'origine italienne
j'ai noté

***

j'ai rencontré Brendan devant le Buci
il prétend que je lui ai jeté des sorts la nuit où
nous étions tous au Pot de Fer il se met à gueuler
comme un veau écorché puis à miauler comme un
bébé grondé
épouvantable
jamais vu Brendan comme ça
et il s'en va au bout de vingt minutes en disant
mais tu ne conçois pas combien je t'adore

si je le savais
mais c'est pas une raison pour traîner toute la
journée pour ne plus se raser pour ne se laver
évidemment pas plus que d'habitude pour ne plus

travailler du tout et pour s'offrir le luxe d'être
malade
il prétend avoir le droit de prier n'importe où à
cause de la guerre en Israël
je pourrais devenir dingue
mais c'est lui qui se rend fou

***

le lundi après-midi j'ai rencontré Agathe place de
la Contrescarpe avec Benoît qui venait de rentrer
et Nigel tu l'as vu demandaient-ils
oui il vient demain midi au Pot de Fer
ah bon

Agathe semblait rêveuse
tu es plus petite que moi
oui c'est sûr
tu as le visage rond comme moi
je crois du moins avec la frange
c'est bizarre
ah pourquoi
enfin tu vois Nigel demain c'est la seule chose
qui importe

j'ai pas fait attention sur le moment
j'attendais
Nigel

***

mardi 13 juin
le midi j'avais rendez-vous au cours de théâtre
pour les costumes des pièces irlandaises

je me suis échappée le plus vite possible

pas beaucoup de temps pour préparer la bouffe

heureusement les raviolis en boîte c'est pas trop long

mais pour finir j'ai quand même soigné mes fraises au vin en beauté

à deux heures et demi c'est Marianne qui arrivait chercher un bouquin comme d'habitude

je lui ai dit que j'attendais Nigel

je commençais à être un peu nerveuse

elle m'a dit

c'est bien ma chérie je te dérange pas plus longtemps et surtout occupe-toi bien de lui

elle a ajouté

mais tu as l'air de grandir

elle est partie

il est arrivé vers trois heures

qu'il soit en retard ça m'étonnait pas trop ça paraissait même normal

que je l'attende avec de la bouffe c'est ça qui devenait anormal

pourquoi faut-il toujours leur faire à bouffer comme si nos corps n'allaient pas suffire

d'ailleurs mes raviolis étaient dégueulasses évidemment puisqu'ils étaient en boite

heureusement il s'en foutait et à peine la dernière cuillerée engloutie il m'a prise dans ses bras et portée sur le lit

pour ça que depuis j'ai jamais réussi à faire la
cuisine pour un mec je veux pas réussir je peux la
faire pour n'importe qui d'autre mais pas un mec

nous parlions peu
c'était mieux comme ça
et je ne trouvais plus les mots américains

je portais ma robe de crêpe vert mi-longue
souple
robe de nonne
robe de vierge
en sacrifice

il ne l'a pas enlevée
remontée seulement
et comme je portais pas de soutien-gorge rien
n'arrêtait sa main ni sa bouche
il m'a laissé mes chaussettes blanches de petite
fille
lui s'est déshabillé très vite
pull par dessus tête
jeans bleus lancés à l'autre bout de la chambre
il portait pas de slip
plus pratique comme ça
et moins choquant que le slip kangourou de ma
première expérience malheureuse de l'hiver dernier

j'ai dû avoir l'air de souffrir puisqu'il a demandé
is the pain good
mmf
you look so innocent like un petit ange

j'étais innocent
quand il a pris ma main en disant
strike me
j'ai pas compris ce qu'il voulait dire
il a répété
caresse-moi

très fort Nigel
il connaissait en français juste assez de mots
pour se débrouiller en commerce et dans un lit

anyway je savais pas comment on faisait pour
caresser un homme

il caressait mes seins
I like this carnation

très douce
il baisait mes seins
mes tout petits seins
more than a mouthful is a waste

il a dit aussi
I love silly french girls

et puis il a demandé
est-ce que je peux dormir un peu
j'ai dit oui
j'ai ouvert le lit
il s'est endormi très vite

il n'avait pas dû se reposer beaucoup la nuit
dernière

je savais pas quoi penser
l'après-midi s'allongeait
je le regardais dormir
il ressemblait à Marlon Brando dans Jules César
pas d'origine italienne pour rien
ses cheveux et sa peau avaient l'odeur des foins
en été
c'était bon

à ce moment ma sœur est rentrée
furieuse de le voir là
comment tu peux supporter qu'un type dorme
après
elle hurlait dans la cuisine où je l'avais entraînée
pour éviter qu'elle ne le réveille en sursaut
j'ai pas compris cet esclandre
elle parlait de mur et de mufle
moi je pensais qu'il ressemblait à Marlon l'idole
de son adolescence à elle
j'ai failli le dire mais elle est redescendue

il avait très bien entendu
oh it was your sister
she's terrible

on s'est rhabillés
j'ai troqué ma robe de crêpe vert contre des
jeans Newman bleu comme ceux de Nigel
toujours mon fétichisme

et je suis descendue avec lui qui disait déjà
I must go

I know
I know

You gotta go and never stop goin' till you get
there
Where you goin' man ?
I don't know but I gotta go...

c'est de Kerouac et ça lui va bien

il a remonté la rue du Pot de Fer jusqu'à sa
grosse Mercedes
il était rentré très content de Copenhague son
voyage s'était très bien passé entre autres il
rapportait une Mercedes pour partir en Afghanistan
c'était plus discret pour voyager
Nigel était toujours impeccable
très style jeune homme comme il faut
insoupçonnable
les jeans toujours impeccables
irréprochable Nigel

il a fait un petit signe de la main et est parti
il avait dit see you soon petite fille mais n'avait
pas dit quand
j'aime mieux ça
comme ça j'attends pas
je déteste attendre précisément

***

envie dans l'après midi d'aller voir Hélène à la
Galerie dans le Marais
Agathe est arrivée presque en même temps que
moi
comme si elle savait
plus besoin de parler
no need to talk
encore Kerouac
heureuse d'être avec elles
avec leur gouffres de féminité et de maternité
latentes

pourtant Agathe était inquiète
chaque lundi elle dînait chez un vieux monsieur
Leonov qui lui tirait les cartes pour le seul plaisir de
l'avoir à dîner un soir par semaine
elle me demandait
mais quand Nigel est-il revenu à Paris
vendredi pourquoi
et il repart quand
vendredi
en Afghanistan
ben oui
alors ça doit être ça tu dois faire très attention
mais pourquoi
Leonov m'a tiré les cartes comme d'habitude et
il a dit qu'une de mes amies étaient en danger une
amie plus petite que moi mais qui a un visage rond
comme moi
il a dit qu'un homme plutôt blond qui venait
d'arriver à Paris et qui allait repartir vers l'Orient

avait formulé le projet d'emmener cette amie là-bas et de la vendre

d'abord il a pensé que c'était moi

il voyait pas très bien à cause du visage rond

il m'a demandé si j'avais des amies au visage rond

a priori je voyais pas mais il a dit qu'elle était plus petite et brune alors ça doit être toi puisque Nigel est revenu

Nigel est revenu de Copenhague il y a six jours et normalement il repart demain mais je suis pas obligée de partir avec lui

d'ailleurs j'aurais pas le temps matériel d'avoir les visas ni rien

un jour juste avant le départ au Danemark il m'a dit qu'au Koweit je pourrais gagner je sais combien de dollars par nuit beaucoup je crois just bein' with a man

je voyais pas l'intérêt

c'est sûr pour Nigel il n'y a que le commerce qui compte le fric le trafic et tout lui est bon mais j'ai pas envie de le suivre

je l'aime pas

je l'ai choisi un peu comme on choisit un étalon parce qu'il est beau fort et sain et que ça doit être comme ça

mais c'est pas l'homme de ma vie

il n'est l'homme de personne

***

avant d'aller voir Ava je suis passée au Buci en fin d'après midi

espérant peut-être voir Nigel

on sait jamais

il allait partir cette nuit

demain au plus tard

et aussi pour rencontrer un ami que Brendan m'avait présenté deux ou trois jours plus tôt comme un vieil ami un type aux yeux clairs

Yannis un grec

qui parlait doucement

d'une voix un peu précieuse

il était beau sans doute

il avait appris que je cousais très bien et justement il avait un blouson à doubler

il n'habitait pas loin dans la rue Mazarine juste en face de l'Hôtel du Sud dans la maison dans la chambre même disait-il de Robert Desnos

je l'avais suivi au cinquième étage pour voir le fameux blouson qu'il avait piqué aux Puces un matin où il était complètement stoned il était parti le blouson sous le bras en regardant le vendeur droit dans les yeux

bizarre

sa chambre croulait sous les bouquins qu'il piquait aussi bien-sûr

comme il pouvait pas me payer mon boulot il m'a demandé ce qu'il pourrait m'offrir

son recueil de poèmes par exemple qui allait sortir le mois prochain

ou cette petite statuette en pierre qu'il avait trouvée à Saint-Sulpice

il vaut mieux tenir que courir dit-on
j'ai préféré la statuette
et je suis redescendue avec la Vierge à l'Enfant
dans mon sac

***

Brendan était au Buci
il partait avec Yannis au Soufflot
je les ai accompagnés jusqu'à la rue Soufflot sur
le chemin de chez Ava
Brendan m'a demandé de lui donner la rose de
Franck
mais je l'ai jetée elle était fanée
il m'a fait une véritable scène
mais pourquoi tu me l'as pas donnée j'ai encore
les jonquilles de ton anniversaire de naissance il ne
faut jamais rien jeter c'est un crime
il prétendait toujours que je lui avais jeté des
sorts et comme j'étais nerveuse ce jour-là je
reportais sur lui toutes mes angoisses
mais aussi il avait pas le droit de ne pas être
sincère
n'importe qui avait le droit de n'être pas sincère
sauf Brendan
et Yannis était d'accord avec moi
mais Brendan disait qu'il avait le droit de prier
toujours et partout
et Yannis était d'accord avec lui devant le
Panthéon

mais quand même c'était pas ma faute s'il y
avait la guerre en Israël

***

la guerre j'en étais loin arrivée en haut à l'étage
d'Ava

que d'étages dans notre vie

la tante d'Ava voyait ce jour-là
elle a dit que j'avais grandi
je ne suis plus une petite fille
ma vie va se mettre en place
dans deux mois Nigel reviendra
j'aurai un enfant
Nigel aurait projeté de m'emmener en
Afghanistan ou dans un pays d'Orient et de me
faire travailler en me vendant
Nigel sera impliqué dans un scandale il ferait
partie d'une organisation avec deux ou trois autres
américains du Buci
vol de voitures
proxénétisme
trafic de drogue
Nigel fera de la prison

mais
l'enfant
son fils sera très fort uniquement influencé par
sa propre personnalité
l'enfant l'enfant seul peut le sauver

pour lui et peut-être pour Nigel aussi je vais tout
réaliser
je serai mêlée à un milieu de drogue et de vice

mais jamais jamais quelles que soient les histoires que je verrai se dérouler
je ne serai blessée
je resterai quoi qu'il arrive intacte
protégée toute ma vie
par moi-même d'abord
et puis par l'enfant

après la naissance Nigel penserait encore à son plan
il me fera aussi la comédie en prétendant même être amoureux
mais il échouera à cause de l'enfant

Nigel repartira en Afghanistan
et là
il sera
abattu

rien n'est à faire
je peux pas sauver Nigel
il doit accomplir son destin
son karma

la seule chose possible est de faire un enfant avec lui et de le racheter

***

j'ai couru le soir vers le Buci
une dernière fois peut-être
le voir

la tante d'Ava a dit qu'il fallait rien dire
rien laisser voir
ne pas l'inquiéter
parce que l'angoisse pèse déjà terriblement sur
lui

le laisser partir
ne rien pouvoir faire
ne rien devoir faire
parce qu'il y a des choses irrévocables
on peut rien empêcher
ne rien dire
être calme

***

you look strange
et moi j'avais envie de pleurer mais il fallait rien
dire rien
no it's all right
comment ça va
very-well-thank-you
you seem very sarcastic tonight
I feel sick

et il posait des questions étranges
est-ce que j'avais faim
est-ce que j'avais mal au ventre
et il serrait ma taille
c'était pas de ça qu'il s'agissait
mais il fallait me taire
ne pas montrer que je savais
que je savais ce qui allait arriver

parce qu'il avait
lui aussi
peur
la tante d'Ava l'avait dit
et je le voyais dans ses yeux

now is to be my good life
il parlait devant le flipper hideux
the good life is to know yourself
to know your own vertues
what is good and what is not
to know what you must do
I didn't know before

oh please Nigel don't say that
maybe it's too late
maybe you'll never comme back
maybe you'll never know that good life

but I said nothing
I just said nothing

j'avais la statuette de pierre dans mon sac de
velours 1900
je la sortais
comptoir du Buci laque de néon sur mauvais
sorts
Brendan avait raison
is it Virgin Mary and Jesus-Christ
yes Nigel

un sud-américain
je vous l'achète
je peux pas
le prix que vous voudrez
mais non
c'est vous
oh no

Brendan était là près de nous
il a pris la statuette délicatement avec d'infinies
précautions comme tout ce qu'il touchait
il a dit que c'était moi Virgin Marine et que je ne
pouvais pas me vendre

Nigel
son sourire cassé cette nuit
what are you thinkin' about
you
that's not much
you're small
I know but what can I do
you look like a little girl
I love little girls

l'hermine bretonne sur ma bague
what's that
it looks like un petit ange like you
you are un petit ange

oh my god mais qu'est-ce qu'ils ont tous j'ai
beau être prévenue c'est lourd à porter

I was standing right by his side trying not to
weep trying to smile
I kept my eyes upon his
he was afraid
I knew it
he was afraid

I could have shouted through the night
I just stood there smilling not just like a little girl
but aching just like a woman

I just said
fais gaffe
what does it mean
something like look out or take care
it is fais attention
yes that's right

he didn't ask me why
he knew it

I was feeling kind of seasick

Brendan was there
behind my back
waiting
watching over us

il m'avait dit un jour
bien que je n'aie aucune considération pour ce
type je consens à l'appeler Nigel et à le respecter
puisque tu l'as choisi

Nigel was looking at the sky
speechless
I didn't say a word
he stood there on this pavement for a while
for one moment I thought he had forgotten me
I thought he didn't know I was so close to him
but suddenly he looked at me
ok he said when I am back I'll go to your place
he kissed my lips
softly peacefully
and he was gone

il s'est retourné a regardé mon ventre et a dit
be good

***

in the rue Saint-André-des-Arts I was praying
God for Nigel
I had n't prayed God for months and years
and I began to weep
for GOD IS LOVE

***

j'avais fini entre deux sanglots par retrouver
Agathe
il était deux heures du matin
Jean aussi était là
Jean nous a vues si souvent pleurer Hélène ou
moi mais surtout Hélène qu'il a pris l'habitude d'être
là quand on a besoin d'un soutien

deux heures du matin
rue de Seine
café de Seine
un café où j'avais toujours refusé d'aller
Nigel n'était plus là bien-sûr
il y avait Bob
Bob le tueur

toute la soirée ça avait été comme au cinoche
Marlon Brando dans The Wild One
roman policier à la Godard
Bob a mis une pièce dans le juke box
le disque c'était I want you de Dylan
I want you
Agathe était assise près de moi
Bob à l'autre table
deux heures du matin
j'ai demandé à Bob c'était stupide je sais mais
j'avais besoin de poser la question
have you seen Nigel

il a ébauché une réponse et
il a ri
il a ri

***

le temps passait très vite maintenant
j'avais l'impression que Franck et Christine
étaient partis depuis soixante ans ou des siècles

angoisse d'être impuissante
quoi qu'on sache on peut rien faire

et s'il ne revenait pas

attendre deux mois

être débarrassée de toutes ces histoires de trafics de drogues de truands auxquelles je ne comprenais rien

but my love is a rambler
ça chantait dans ma tête
j'avais cherché ça partout
dans Dylan dans Guthrie dans les romans de la Beat Generation
dans la ballade de Donovan que nous écoutions ces jours-là
Geraldine
my love is a rambler and a gambler

je l'acceptais ainsi en sachant que rien ne pourrait le retenir ni me l'attacher
j'étais calme presque sereine
j'attendais
peur aussi d'attendre en vain
pendant des siècles le rôle d'une femme était d'attendre
attendre l'homme
j'avais tendance à penser
qu'il vaut mieux attendre un enfant qu'un homme

***

déjà je n'ai plus envie de sortir plus envie de voir
des gens

je couds et je me suis remise à tricoter je fais un
pull-over en laine naturelle pour le bébé d'Ava

maintenant je me connais mieux je sais que quoi
qu'il arrive je resterai intacte toujours renouvelée de
cette race qui espère toujours

des êtres de l'espace jamais blessés à mort
mais en perpétuelle renaissance

***

le lendemain du départ de Nigel j'ai revu Yannis
il devait repartir prochainement en Grèce
sa chambre était libre
justement Hélène cherchait une chambre
je les ai présentés l'un à l'autre
quand Yannis s'est éloigné Hélène m'a dit
il est complètement fou ce mec-là

deux jours après quand il m'a apporté son
blouson à doubler j'étais pas loin de penser la
même chose

ces mecs dans les vaps qu'est-ce qu'ils sont
tatillons

il voulait une grande poche intérieure assez
vaste pour y mettre un cahier de notes et une petite
poche pour le hasch et je sais pas quoi encore et
moi je risquais de bousiller ma machine en fixant la
doublure à l'encolure

ce qu'il a pu me faire chier
il était jamais content

un après-midi il m'a amené un copain avec de grosses lunettes noires pour passer incognito

Néron on l'appelait son père était italien bien sûr avec un nom pareil et tailleur de son métier donc il pouvait me donner des conseils

j'ai failli leur filer le blouson et la doublure à travers la gueule
mais keep cool Marine

Yannis m'avait déjà parlé de lui il m'avait dit que je ressemblais à la petite amie de Néron une anglaise toute petite et menue comme moi et il précisait
quand Néron passe les frontières vers l'Inde et l'Afghanistan il lui met le hasch sur les fesses et les seins et ça passe très bien

tiens ça me rappelle quelque chose
j'ai frissonné

Chloé la chatte siamoise d'Hélène avait adopté Yannis d'emblée
cette salope adoptait tous les hommes
elle choisissait toujours le meilleur endroit pour dormir
leur sexe
le plus chaud sans doute
régulièrement Chloé s'allongeait sur le sexe des mecs
ronronnante
impudique

royale
satisfaite

mais elle n'a pas tardé à nous faire de véritables crises d'hystérie au moment de ses chaleurs préestivales

Agathe qui dans la journée révisait ou faisait semblant de réviser ses examens commençait à devenir dingue

un soir ma sœur n'a pas supporté Chloé hurlante et devenait aussi hystérique

il nous était impossible de rester dormir au Pot de Fer Hélène et moi

on a mis Chloé dans son sac et on est parties rue Maître-Albert

là Agathe ne pouvait plus encaisser la chatte et Jean refusait de nous héberger

Hélène n'a pas insisté elle a repris le sac de la chatte et on est reparties vers les Halles

***

les Halles

foule pressée affairée

hallucinations lumières fatigue exaltation sangs cris appels

nuit passée à errer

Chloé s'est sauvée à travers les quartiers de viande et les volailles

on commençait à avoir faim mais on savait pas voler

après récupération de Chloé qui râlait dans son coin on s'est arrêtées à un café

assez de fric encore pour un crème et une
saucisse bien dégueulasse dans une boutique sale

lever de soleil sur le parapet de pierre dominant
la Seine au pied de Notre-Dame
devant nous quelques personnes déjà
et ça parait incroyable
partout partout le ciel
j'aurais jamais cru que Paris avait un ciel si
grand
renversant sur les Halles
le soleil voilé va apparaître derrière une
gargouille
ça me rappelle encore une phrase de Dylan
dans Desolation Row
at the hunchback of Notre-Dame
everybody is making love or else
expecting rain

ce passage me fait toujours penser à la librairie
de George Whitman où Dylan a dû passer au
moins une fois au cours de ses séjours parisiens
comme tous les écrivains poètes artistes
philosophes ou étudiants américains depuis sa
fondation en continuité de la librairie de Sylvia
Beach 12 rue de l'Odéon avant la guerre

en face de l'autre côté du quai à l'ombre de son
kilometer zero dans sa petite librairie croulante de
livres George vient de s'endormir à cette heure-ci
après avoir lu toute la nuit
nous on est là

on a bien envie de faire l'amour mais on est
seules
nos hommes sont partis
le mien est vagabond universel et l'autre a
disparu
Hélène espère encore que Samuel reviendra
on n'attend pas la pluie
la nuit de juin de presque solstice a été douce
il va faire beau
la nuit a été douce

lever de soleil au bord de la Seine sur un quai
bleu derrière Notre-Dame
la fatigue du matin
la gorge qui se dessèche et a soif de tout
le ventre qui se creuse et la tête qui s'enivre de
la lassitude du corps

et la seule conclusion que nous avons criée
dans le matin

GOD IS LOVE

où est Nigel
déjà en Iran ou encore en Turquie

Chloé a fini par se calmer

le lendemain de notre nuit vagabonde ma sœur
lui a foutu le cul dans l'eau
Agathe plus compréhensive a préféré la
soulager de son propre doigt

***

un jour j'ai rencontré Brendan devant la Sorbonne

j'ai souvent rencontré Brendan devant la Sorbonne

j'étais plus calme

je voulais pas être nerveuse comme je l'étais quand Franck et Christine sont partis ou le soir de l'adieu à Nigel

j'avais dans les bras un tas de bouquins comme toujours

et pendant que je parlais avec lui de choses et d'autres du bébé d'Ava des conférences sur je ne sais plus quelle religion où Benoît devait l'accompagner

mes livres sont tombés

Brendan s'est précipité

ah enfin je peux te servir et me mettre à tes pieds

et à genoux devant moi
il ramassait les livres à mes pieds

***

vers le 24 juin
matin de soleil
fenêtre ouverte sur le Panthéon et quelques arbres
sur les toits aussi

j'aime voir les toits

Hélène vient de partir
nuit belle et chaude
ma sœur n'était pas là
alors nous avons pu écouter de la musique et
coudre la moitié de la nuit comme on aime
c'est la nuit que j'ai le plus d'idées mais
d'habitude au moment précis où je vais couper une
robe géniale ma sœur me demande quand je vais
me décider à me coucher alors ça me coupe mon
élan
avec Hélène je n'ai pas ce genre de problèmes
ce serait même plutôt le contraire elle dort jamais
elle trouve que c'est du temps perdu sur la vie

on s'est quand même réveillées tôt vers sept
heures et demi
j'ai lu une nouvelle de Katherine Mansfield
Félicité en me reposant avant de prendre mon petit
déjeuner avec des croissants
suprême luxe pour nous qui n'avons pas
d'argent ces derniers temps mais on prend
facilement des habitudes de croissants et de taxis
dans Paris

ça fait huit jours que Nigel est parti
j'ai le teint lisse et doux ce matin
et soudain je sens quelque chose battre dans
mes seins dans mon ventre
quelque chose d'indépendant et d'inconnu
une sensation de l'intérieur

l'évidence
c'est ça
j'en suis sûre
en fait je n'avais pas cessé d'y croire
mon corps dans toute sa plénitude
ma poitrine vibre respire éclate
et mon ventre doucement parfois se rappelle à
moi par des tiraillements

je ne connais pas vraiment les premiers
symptômes de la grossesse mais je sais que c'est
ça
si je me souviens bien j'ai entendu ma mère dire
qu'elle savait tout de suite quand elle était enceinte
parce qu'elle sentait ses seins gonfler dès le
dixième jour
c'est ce qui m'arrive

mais alors
je suis normale
tout m'est possible
comme aux autres
je ne serai plus jamais une petite fille
je ne le suis déjà plus
je vais me libérer des torrents de maternité que
déversent sur moi depuis si longtemps Anne et
Hélène
je vais vivre
la tante d'Ava avait raison
un bébé à moi
il a mis un tout petit bébé dans mon ventre
et il est parti

au loin

je le dis tout de suite à Hélène ma plus proche
mais c'est merveilleux mais tu es sûre c'est
peut-être un peu tôt
oui je suis sûre et je sais aussi que je préfère
attendre un enfant qu'un homme

***

je suis étrangement calme
pourtant rien n'est simple

il faut que je m'organise
trouver un logement indépendant d'urgence
acheter tous les trucs indispensables pour vivre
dans une maison et que je n'ai pas
ça promet d'être difficile mais c'est la seule
chose qui compte

le problème c'est toujours les autres
la guerre de ma sœur qui me traitait
d'inconsciente et d'irresponsable alors que
justement pour la première fois de ma vie je voulais
être consciente et responsable au-delà de moi-
même
elle craignait que le bébé je le laisse aux autres
et finisse par ne plus m'y intéresser
comme ta chatte elle disait
une chatte que j'avais demandée un Noël et que
je ne voyais que les dimanches aux retours de
pension et qui s'était plus attachée à Maman qui lui
donnait à bouffer qu'à moi

ah

mais c'était fou le bébé je le sentais déjà en moi dès la première seconde où mes seins avaient palpité
je vivais déjà avec lui
le matin quand je me réveillais je savais cette présence tout au fond de moi et je souriais à l'intérieur
j'étais heureuse de sentir mes seins gonfler
malgré moi
le bonheur montait de mon ventre
malgré tout
c'était plus fort que ma conscience

en tout cas il fallait que je parte vivre seule
que je me débrouille seule

***

je me sens lourde
comme chargée d'une mission
je pourrais bien finir par me prendre pour la Vierge Marine
Ava attendait chaque matin les cloches de Saint-Sulpice
vais-je guetter celles du couvent des Bénédictines de la rue Tournefort

l'image de la Vierge Marie pour Nigel
la statue sur le comptoir du Buci

on peut pas vendre une femme qui a un enfant
il sera sauvé
sauvé par un enfant

étrange plénitude autour de moi comme si tous
attendaient sans que rien ne soit dit le bébé de
Nigel
une autre dimension de relation
chargée d'amour universel

Benoît disait
tu seras tellement belle

***

j'avais de plus en plus froid malgré le soleil
et j'avais toujours faim
on aurait pu m'appeler Starveling
comme dans le Songe d'une nuit d'été

la faim envahissait nos jours et nos nuits
j'avais faim j'avais faim au point de ne plus
pouvoir penser qu'à ça
au point de ne plus pouvoir travailler
je n'avais plus de forces
parfois je manquais tomber dans la rue
Agathe nous inventait des salades bizarres
qu'elle faisait avec n'importe quoi tout et rien plutôt
rien que tout et ça trompait notre faim pendant
quelques instants
nous écoutions Dylan Thomas plus que jamais

***

Franck m'a envoyé une peinture
Agathe a réussi ses examens contre toute
attente
moi je ne suis jamais allée voir mes résultats
Ava a commencé à sortir le bébé
elle ressemblait toujours à une grande petite fille

été 67 paris - kerfany - saint-leu

peut-être je vivrai pas longtemps maintenant
que j'ai perdu l'enfant
un enfant ça m'aurait motivée pour lutter

c'est vrai je pourrais pas l'élever matériellement
mais au moins si j'avais un enfant si j'attendais
encore un enfant je lutterais pour quelque chose
je saurais quoi faire au moins je saurais où
diriger mes efforts
j'aurais un but
lutter pour moi j'en ai plus envie plus le courage
ni même la force
le ciel aurait dû faire ça
me donner un bébé
maintenant j'ai perdu la foi
je suis trop fatiguée je ne veux plus bouger plus
rien voir
lire encore peut-être Proust oui devant la mer
les phrases comme des vagues
les vagues de Bretagne où j'ai fini par arriver
depuis le temps que j'en rêvais
à Paris je disais souvent il faut que je parte en
Bretagne si j'ai le temps
et j'avais jamais le temps il y avait toujours
quelqu'un qui arrivait quelqu'un qui repartait

quelque chose à faire ou à défaire et je restais à
Paris
en plein mois de juin déjà chaud je rêvais de
tempête de pluie de vent de nuages blancs sur
l'horizon bleu exactement
retrouver la Bretagne lente d'enfance
rester trois mois au chaud dans un trou de sable
sur la même plage
ne pas devoir penser moi aussi bon il faut que je
parte
I must go I gotta go I must leave

***

chaque jour je pensais
mon bébé a déjà trois semaines
vingt-et-un jours
un mois
quarante jours
presque deux mois

non il faut plus penser à ça
je sursaute encore quand sur une route on
croise une Mercedes
je le vois là-bas sur les routes d'Afghanistan où
je n'irai jamais

j'avais commencé à tricoter pour un bébé déjà
tout au fond de moi pensant à son père là-bas très
loin au soleil sur des routes accablées désertiques
exacerbées par le vent
calme
non pas résignée mais consentante

prête à l'attendre
prête à les attendre
à attendre le retour du père
à attendre l'arrivée du fils
à attendre le cours normal des choses de la vie
et moi qu'est-ce que j'étais
Virgin Marine sans doute

quand en août à son retour j'aurais pu lui dire
half smiling
I'm pregnant
I'm expecting your baby
you'll be the father of my baby

comme dans les romans ou les ballades anglo-
saxonnes

les matins
je retrouvais les matins et leur lumière
je rendais grâce à Dieu ou aux dieux pour ce
soleil voilé d'arbres et ces pois de senteur à la
couleur pale entre le blanc le bleu et le rose ces
tons de layette et le mauve couleur des veuves

je voulais être jolie toujours

Nigel my beloved rambler

***

le Figaro
arrestation de trafiquants de drogue
le vent dans les déserts d'Afghanistan

mon Dieu qu'il revienne
sinon j'aurai peur toute ma vie
je l'attendrai

***

à la maternité j'ai lu Kerouac
Marianne m'avait apporté ça
elle venait de le trouver chez George Whitman
George qui m'avait dit un jour me voyant habillée de blanc
tu es un ange
et me voyant près d'un poète beatnik un peu sale avait ajouté
tombé dans la déchéance
Desolation Angels et la révolution du rucksack et des millions de Dharma Bums montant sur les collines pour méditer
and I almost feel like crying to realize I love God
whatever happens to me down that trail to the world is all right with me
because I am God and I'm doing it all myself
who else
while meditating
I am Buddha
who else

comme Brendan

mais ai-je su le comprendre quand il était encore temps

ce même hôpital où Ava avait accouché
car c'était le plus proche du Pot de Fer quand
l'horreur a commencé
et c'est Brendan qui m'apparaissait dans mon
cauchemar
je voyais Brendan sur chaque mur blanc à l'infini
dans un désert
Brendan en méditation comme pour mieux
m'accuser
lui qui ne jugeait jamais Brendan pleurait en me
regardant
où est le bébé
quel bébé
je t'avais dit d'attendre
attendre quoi
tu étais trop petite
trop petite trop petite écho écho
c'est ta faute ta faute écho écho

je n'avais plus envie d'être jolie toujours
pour mon fils
pour son fils
je n'avais plus envie de tricoter
je n'avais plus envie de rien
je me laissais rouler
j'avais seulement besoin de la Bretagne

la mer
nager
c'est tout ce que je voulais

revoir de la route apparaître le clocher de l'église
et derrière voir les nuages blancs sur l'horizon bleu exactement

j'en avais besoin
mon enfance perdue
retrouver mon éducation ma morale ma mémoire
ma mystique ma transcendance
la Bretagne la mer mon élément
l'eau purificatrice
l'eau source
le vent
les cris des mouettes
la Bretagne perdue et retrouvée

je suis pas vraiment heureuse
je suis pas non plus malheureuse
je suis calme et confiante
je ne désespère pas
il faut laisser les choses évoluer suivre leur cours
puisqu'il n'y a pas de hasard

***

le ciel était plus couvert sur Moëlan que je ne l'avais pensé
mais à Kerfany j'en étais sûre il faisait beau
les nuages étaient poussés par le vent de mer
sur la route le ciel se dégageait
la route des parcs à huître

les tournants les côtes
et ces pins que j'avais jamais oubliés
et les pommiers jusqu'à la mer

j'ai retrouvé la maison
un peu changée
en mieux d'ailleurs
mais c'était bien le même vent dans les pins et
la même couleur du ciel

une colonie de vacances passait sur un chemin
qui n'existait pas avant entre des fils délimitant les
propriétés du bois de pins
ici aussi ça se transforme
bientôt on ne verra plus la rivière du Belon

***

avec mon cousin Simon j'irai dans une ferme de
l'autre côté de la plage chez une vieille cousine de
nos pères
pendant qu'il parlera avec elle je partirai dans
les blés je suivrai des yeux les alouettes
les blés devant la mer encore une image que
j'aurai rêvée les champs au-dessus de l'eau cernés
de murs de pierres sèches qui ont gardé les voix
secrètes des temps
puis je reviendrai vers Simon il sera dans la
cuisine un verre de cidre sera servi pour moi elle
parlera elle m'aura oubliée ça fait si longtemps je
rappellerai pourtant qu'elle m'avait croisée peut-
être à un pardon de Lanriot il y a quelques années

elle se rappellera ou ne se rappellera pas quelle
importance
       avec Simon je reviendrai à la maison
       nous parlerons longtemps de nous des autres
du temps passé des temps à venir
       avec lui je serai encore une toute petite fille
comme il y a douze ans

       le soir tombera sur la plage et la mer
       sous la lune presque pleine que j'attendrai

       mais Brendan
       où ai-je laissé Brendan
       qu'est-ce qui s'est passé
       seul un baby
       my own baby from Nigel

       ***
       il faisait beau trop beau en cette fin d'été
       j'avais imaginé plus de nuages mais les matins
étaient un enchantement

       parfois je descendais tôt sur la plage encore
déserte et je nageais dans les eaux calmes et
claires de la petite baie
       tout était à moi la mer le sable les algues le ciel
       je nageais lentement doucement sans faire de
bruit les cheveux libres à travers le soleil vibrant
       les bateaux attendaient sur le sable
       rangés l'un près de l'autre comme pour se
soutenir
       infirmes sans béquilles

je nageais pour me laver du cauchemar des murs blancs des taches rouges et noires de l'horreur

je nageais dans l'eau claire purificatrice

puis des gens arrivaient

je sortais de l'eau j'essorais rapidement mes cheveux et je remontais vers la maison où les cousins se réveillaient

Gaby le plus jeune était déjà parti à l'école de voile de Brigneau

Margot la sœur aînée toujours parfaite préparait le petit déjeuner

Pierre descendait de sa mansarde

j'entendais son pas lourd dans l'escalier

il s'asseyait au haut des marches de la pelouse

je m'asseyais près de lui

nous regardions la mer avec le même étonnement le même tacite émerveillement

une fenêtre s'ouvrait au premier étage de la maison

une tête apparaissait mal réveillée yeux petits cheveux ébouriffés Simon

il descendait boire son café en se grattant la tête

la braguette du pantalon était restée ouverte

son ventre débordait de la ceinture

quand il était assis ça faisait des plis comme le Bouddha béat épais confit accompli

Jacques descendait aussi

toujours digne de cette élégance dont il ne
pouvait se défaire malgré ses efforts pour avoir l'air
décontracté en jeans les pieds nus

sur la plage des cris
des appels oubliés dans le vent
sur le sentier à travers les pins trois petites filles
se suivaient comme des canards allant au bain
elles me rappelaient celles de Sur la baie la
nouvelle de Katherine Mansfield
les bateaux sortaient

la nuit ma fenêtre restait ouverte
la lune presque pleine atteignait mon lit
je dormais peu j'avais pas le temps
j'écoutais respirer la mer proche
la nuit la lune la mer
fausse enfance retrouvée à mi-chemin de la
terre et la mer
entre deux eaux
entre deux pins

***

mais où suis-je
et Nigel
c'était la veille de son départ à Copenhague
I want a baby
I'll give you one
I'll give you one
j'avais trop pensé à un enfant
quand assise à la terrasse du Buci avec Benoît
nous regardions passer Gunila le mannequin de

chez Gudule tenant par la main sa petite fille habillée de la même laine violette

je portais ce jour-là ma robe de velours violet et si j'avais eu une petite fille elle aurait été habillée comme moi

Benoît pensait les mêmes choses que moi voyait les choses comme moi

il avait dit tu seras magnifique tu auras un tel rayonnement

***

j'attendais la pleine lune
je disais le temps va changer
le soir Simon arrosait ses fleurs

mais pourquoi Brendan n'est plus là côté de moi
pourquoi il n'est plus là
ma faute
celle de Nigel
ou quoi

Brendan ne me touchait jamais
sauf le jour où je suis rentrée de Londres et qu'il m'a serrée dans ses bras longtemps simplement
parfois Brendan me baisait les pieds quand la nuit il quittait le Pot de Fer
pour me remercier de l'avoir accueilli
pour me rendre hommage
il disait que j'étais Siva
il s'inclinait jusqu'au sol et baisait mes pieds
sinon Brendan me touchait seulement pour m'aider à traverser les rues

mais vite il retirait sa main de mon bras comme
s'il craignait de commettre un sacrilège

***

dans ma chambre sur la table de nuit je gardais
près de moi la statuette offerte par Yannis le jour du
départ de Nigel et la peinture de Franck reçue au
Pot de Fer avant le départ
Golgotha de nos âmes et de nos angoisses
est-ce que tu dors Marine
Ich habe Angst

je les avais pris avec moi pour me sentir
accompagnée comme au Pot de Fer
malgré l'éloignement

je pensais à mon fils encore
pourtant il fallait pas
il fallait penser à rien
oublier Paris
oublier Nigel
oublier les visages aimés d'Hélène Benoît Ava
son bébé
oublier tout

la lune pleine
des nuages couvrent le ciel
mon âme dans la mer
mon âme de brume et de vent comme la Sad
Eyed Lady Of The Lowlands
la voix de Dylan s'insinuait lentement comme la
mer dans les creux de rochers à marée montante

Benoît à Paris il pense à moi il ne sait où
c'est toujours important la pleine lune
les feux de Formentera d'Agathe
la pleine lune du 24 mai
l'anniversaire de Bob Dylan
la lune fixe immense et blanche dans l'axe de la
rue Mouffetard
ici la mer s'étend contre la lune
la lune sans cesse renouvelée
et l'autre nuit de pleine lune avec La Barraca
Brendan à mes côtés
il était toujours à mes côtés en ultime protection
la nuit passée aux Halles avec Hélène et Chloé
et le matin bleu derrière Notre-Dame
notre cri
le seul possible

GOD IS LOVE

***

et le temps a changé d'un coup
quelque chose a claqué dans l'air
pendant un court instant le silence
puis le vent est venu violent rapide terrible
les voix se sont tues
le vent est resté
un sifflement crissant fouillait la plage
le vent dans les drisses des bateaux échoués
la Plage grise pour mieux voir la mer

j'avais fait un cauchemar un vrai un rare

dans mon rêve j'avais abandonné une poupée
et je me sentais coupable comme si cette poupée
était
un bébé
un enfant
vivant
et elle était un enfant
vivant
cette poupée je voulais la reprendre j'avais pas
pensé qu'abandonner une poupée ferait autant de
bruit et j'avais peur qu'on me reconnaisse à un
détail près
la poupée était maquillée comme moi avec les
cils dessinés autour des yeux dans un faux regard
candide
et la poupée était moi

ça m'avait laissé au ventre une angoisse un
remords que le vent ne dissipait pas
pourtant c'était bien la Bretagne que j'avais
rêvée avec le vent si puissant si pénétrant et les
grains entre deux coups de soleil
la mer pleine intense folle sur les rochers
et le ciel entre les nuages et les fleurs
d'hortensia

au Buci quelqu'un
you look like a little doll
and you blush
how lucky will be the man who'll marry you

entre les herbes sèches

mais qu'est-ce que j'allais faire bon Dieu
qu'est-ce que j'allais foutre
devant la mer
la lande aride
les mouettes
la Plage grise
le vent qui à chaque pas nous drosse vers la
terre
le ciel terriblement sombre s'est brusquement
ouvert et les derniers rayons du soleil sont sortis de
la mer éclairée de l'intérieur dans une infinité
ineffable de nuances frissonnant entre le violet et le
vert
aquamarine
my birthday stone
no need to talk
plus un geste
devant l'intangible et l'évanescent
le rayon vert peut-être
ou la vision qu'a dû avoir Saint Brendan avant
de prendre la mer à la recherche du paradis
Brendan I wish you were there with me
you could meditate in peace and joy
for you are God and I'm sorry I may just be a
little doll a little flower or anything like that because
you are God
for everything is God

c'est ici qu'est mon essence
les embruns en pleine figure
le vent entravait nos pas
little doll little girl

baby doll baby girl
charming little witch
please oh please
let me catch my own breathe
I'm just just
a gull a seagull

j'étais folle nous étions fous
nous marchions les yeux ouverts mais aveugles
vers un mur

je m'étais rêvé un petit Dylan tendre et tout à
moi
je ne l'aurai pas déjà

***

la vie s'est écoulée à travers les jours lents
la mer pénétrait entre les champs
la mer envahissait le sable
mer d'aigue-marine
ciel de pierre précieuse

été 67 saint-leu

voilà je reviens à Saint-Leu et tout revient

tous les souvenirs des derniers mois tous les visages tous les noms

Hélène m'appelle

elle part en Grèce avec Yannis qu'elle a retrouvé une nuit de juillet et ça a été le coup de foudre ils se sont mariés symboliquement avec plein de fleurs blanches

le déluge de nouvelles

Benoît mon ami m'attend au Buci

et je suis soudain triste

comme une mère sans enfant

triste à pleurer

Hélène dit aussi que Nigel était à Paris il y a quinze jours

je ne veux plus le voir

j'ai trop peur de flancher

devant son sourire

oh my god je le ressens dans le ventre comme une morsure une blessure à vif

je ne veux plus voir personne

je rêve sans cesse à devenir folle

que je suis enceinte

que je reste en Bretagne

que je retrouve Nigel

tout se mélange

il faut qu'il se passe quelque chose

il paraît qu'on parle à Paris depuis hier d'un
scandale
trafic d'or et d'armes
venant d'Afghanistan
passant par Paris plaque tournant vers
Copenhague
c'est tout ce que je sais
est-ce le scandale qu'avait vu la tante d'Ava
dans ce cas Nigel va être impliqué
si ce que la tante d'Ava a dit est juste je risque
moi aussi d'être impliquée comme Agathe

alors c'est peut-être pour ça que je me suis
retirée ici

***

Hélène est partie
ça y est je suis seule
l'hiver à Paris sans personne
j'ai peur pour Hélène mais c'est peut-être elle
qui a raison avec son amour fou et intransigeant
comme une flamme
Hélène ma grande flamme brune

***

je lis Proust toujours
la Prisonnière
facilité d'être enfermée
c'est peut-être ce que j'attends

folle Marianne chérie m'a écrit

J'ai pensé à toi pendant la canicule parisienne où je m'asseyais morte au Buci. Benoît John m'ont demandé de tes nouvelles. D'autres encore…

tiens elle a peut-être vu Nigel

moi je me pensais la belle est mieux au vert qu'avec ces gens gentils mais un peu lugubres le dépeuplement de la capitale l'oisiveté, etc, tu connais…

mon Dieu oui

au fait personne n'a de nouvelles de Christine
on sait qu'elle a quitté Franck depuis longtemps pour partir en vadrouille mais depuis on sait plus rien
qu'est-ce qu'elle a encore pu inventer cette dingue avec ses fesses toujours en mouvement et sa bouche offerte

je me perds
sans le bébé je suis vide
je suis inutile
tant qu'il m'habitait j'étais riche
c'était formidable d'y croire et d'attendre
même si c'était le délire
nous marchions tous les yeux ouverts mais aveugles vers un mur ou une falaise mais à ce moment-là c'était très beau
je ne regrette rien
sauf d'avoir perdu le bébé

j'ai raté ma mission

à travers les murmures de Dylan je vois mon âme mon âme de brume et de vent comme dans un écran de mer
Nigel m'offrait l'aventure vers les pays d'Orient les pays du soleil
ils ne sont pas pour moi
je suis de la mer et de la brume
je croyais que j'aurais pu attendre Nigel toute ma vie
j'ai su qu'il était revenu d'Afghanistan
c'est l'essentiel il est sain et sauf
sauvé non
la tante d'Ava disait qu'il ne le serait que par un enfant
mais au fait qu'est-ce que c'est le salut
Brendan aurait dû m'expliquer

je ne suis pas retournée écouter la tante d'Ava

***

à Paris j'étais peut-être l'élément de pureté de fraîcheur et d'innocence
sorte de petite déesse qui portait chance et protégeait
ce rôle je ne m'en vante pas
je ne l'accepte pas plus que celui de l'aventure
le premier parce qu'il n'est pas en moi mais dans ce que les autres veulent bien voir en moi
le second parce que je suis pas faite pour ça
la preuve je suis rétamée maintenant

la tête dans le sac
je ne veux plus bouger
plus rien voir
lire encore
Proust oui
les crises d'asthme ont repris
je les arrête immédiatement par des
médicaments mais ça me laisse épuisée camée
ces trucs ça me tue plus que les crises
je reste ivre morte

je suis pas assez costaud
j'ai aucune force
je ne pourrai plus reprendre ma vie comme
avant
j'ai peur bien sûr
c'est à cause de ces semaines où j'ai crevé de
faim à Paris
ça devient une véritable obsession la faim
une hantise
j'ai peur de retrouver en même temps que
Benoît et les autres cette faim envahissante
obsédante accablante
pourtant Benoît j'aimerais le voir
je sais qu'il m'attend
mon frère jumeau
mon double
maigre comme moi
bien-sûr il mange pratiquement jamais ou faut
voir quoi

j'ai très envie de le revoir mais je peux pas tellement j'ai peur d'avoir faim de sentir mon ventre se creuser rien qu'en le voyant

une faim impossible à satisfaire parce qu'elle est viscérale presque chronique

en fait j'ai peur de mourir avec Benoît

peur de me laisser mourir surtout

Paris c'est devenu la mort pour moi

ici je survis

je me terre dans le sein maternel de la maison familiale

ici j'hiberne

je me mets entre parenthèses comme dirait Marianne qui s'y connait

elle comprend ça très bien Marianne ça lui arrive souvent d'être entre parenthèses

bien-sûr j'ai mes crises ça m'occupe c'est même un bon exutoire à l'angoisse par la latence où je suis forcée et ça me libère dès que j'émerge

je crois quelques instants que tout m'est encore possible

que je vais pouvoir lire tout ce que j'ai pas encore pu lire faute de temps

que je vais pouvoir dessiner inventer créer réaliser

en-dehors de ces moments plus rien ne garde d'importance

***

Benoît attend mon retour

il s'inquiète de ce que je ne vienne toujours pas
à Paris
mais je suis encore trop faible
je dois me reposer

sans doute je suis pas assez forte pour affronter
seule les problèmes
je suis pas comme Hélène qui est toujours
active qui sait toujours se débrouiller pour trouver
du boulot ou un logement des tas de choses
comme ça que je sais pas faire
elle sait même gagner du fric et ça je crois que
je suis vraiment pas douée pour ça
je sais pas si c'est bien que j'aie pas eu le bébé
bien ou mal
je saurais plus dire maintenant si les choses
arrivent pour mon bien ou pour mon mal elles se
passent c'est tout ce que je sais
j'ai pas pu avoir le bébé
est-ce bien ou mal
sans doute un bien dans l'absolu

j'ai eu de grands amis
c'est déjà ça
ça me console en ce moment de solitude
volontaire ou de lassitude forcée

Brendan
ce soir je suis au bord des larmes par manque
de souffle et je vais me mettre à pleurer sur mon
remords d'avoir laisser perdre Brendan par
nervosité ou inintelligence

j'étouffe
deux semaines que ça dure
avec des accès de désespoir et de brusques accès de vie
je sais plus où je suis
entre le rêve et la réalité
des images
Kerfany Paris
des visages

Brendan
Brendan chaque jour je le voyais
nous nous retrouvions toujours sans jamais nous donner de rendez-vous
quand par hasard nous ne nous étions pas rencontrés dans la journée Brendan frappait au Pot de Fer vers une heure du matin ma soeur ouvrait nous parlions tous les trois et il repartait rassuré et je m'endormais tranquille
il était toujours près de moi présence rassurante et protectrice comme un grand frère ou un enfant
c'était sans doute égoïste de ma part
je me savais étrange différente
on me draguait tout le temps
Brendan disait que je lançais des ondes attractives avec mes yeux parce que je vois pas très bien
je refusais toujours ça m'intéressait pas
et auprès de lui je n'avais plus peur de rien ni de personne

je savais qu'il aurait tout fait pour me protéger
au besoin en se couchant devant ma porte pour en
interdire l'accès

il étudiait ses philosophies mystiques
ésotériques oniriques magiques cabalistiques et
tout le tremblement

moi j'étais une petite déesse qu'il vénérait et le
plus étrange c'est qu'il forçait les autres à me
vénérer

peut-être j'étais bien dans ce rôle puisque je
m'en suis pas aperçue tout de suite

je ne désirais rien

j'avais Brendan près de moi

c'était sans doute surprenant ce presque clodo
avec ses vieux habits dégueulasses et troués
auprès de cette petite fille en robe et cape de page
en velours sur le Pont-des-Arts un soir au coucher
du soleil

il devait être un brin narcissique parce que ça ne
le gênait pas ce contraste

ou alors c'était un surcroît d'humilité à mon
égard

ça doit être ça

il s'humiliait lui-même parce qu'il pensait que sa
présence n'était pas digne de moi

il aimait dire qu'il était pauvre

je suis humble et pauvre

il avait dit ça au type qui faisait la quête à la
sortie du Mémorial près de Notre-Dame

Brendan adorait les églises
c'est grâce à lui que je connais Notre-Dame
un jour où il était particulièrement en forme on a
fait toutes celles du coin Saint-Louis-en-l'Ile Saint-
Julien-le-Pauvre Saint-Sulpice
d'ailleurs personne ne connaissait les rues de
Paris comme Brendan

et puis je l'ai perdu
pourquoi pourquoi
pourquoi Nigel est allé à la Coupole et pas au
Dôme
et pourquoi je l'ai suivi
je comprendrai jamais
mais je me rappellerai longtemps le ton de
reproche d'Agathe elle qui ne reprochait jamais rien
à qui que ce soit quand elle m'a dit que Brendan
m'avait attendue mais avait dû partir très vite
mon amour est avec Marine mais ma croix est à
Montmartre

j'ai rien compris à Brendan moi
j'ai dû le décevoir d'avoir choisi un mec comme
Nigel
il disait attends l'accouchement d'Ava
c'était une façon d'être poli
j'aurais dû le comprendre

Ava si belle si sublime
après je me rappelle plus trop
le bébé est né
et puis d'autres histoires

les vibrations les intuitions les prémonitions
les angoisses les délires
après j'étais plus calme je crois
j'avais faim
mais j'étais calme

depuis je sais plus rien

***

Nigel est revenu
j'ai peur
je veux pas le voir
j'ai peur de Paris
peur de tout et de tous

Brendan me sauvait de tout
Brendan me sauvait de tous
maintenant je l'ai perdu
et j'ai peur d'eux

je devrais avoir le courage de partir n'importe où
à Londres par exemple
et tout recommencer
mais j'aurais pas de courage
et puis j'aime Paris
jusqu'à la nausée
très exactement

j'ose pas faire des projets d'avenir
trop fatiguée
demain
surtout ne pas y penser

***

ces nuits sans sommeil

ces nuits d'errance à travers les rues d'autres
vies de Paris

ces journées sans faim parce que la faim est
trop forte

ces journées de désespérance devant des
tables de café

en attente éperdue

on les paie toujours cher très cher trop cher

tout se déglingue

les dents qui font de plus en plus mal

les yeux qui voient de moins en moins bien

les poumons qui ont envie de se faire la malle

et tout ce qu'on peut pas faire soigner parce
qu'on n'a jamais assez de fric en même temps

je comprends ça trop tard

quand déjà l'angoisse inéluctable est revenue
en contrepoint sur chaque respiration qui se fait
toujours plus étroite presque inexistante

veiller le plus tard possible

ne pas s'abandonner au sommeil

pour retarder le moment de la crise

retarder le moment où l'espace et le temps se
rétréciront incommensurablement

en exorcisme illusoire

la lenteur des après-midi pluvieux en famille

avec l'angoisse latente de la crise qui va venir
qui est déjà là

les yeux s'enfoncent

les muscles s'affaissent

les épaules se creusent

près de cette famille que j'adore et que l'instant suivant je déteste comme je déteste le monde entier parce que je suis mal dans ma peau dans ma tête dans mon corps je ne veux pas mourir déjà j'ai encore des choses à dire à écrire à apprendre des gens à aimer les autres à connaître dans la conscience aiguë et détestable de mon propre corps perclus de secousses et de mon esprit traversé de lames brillantes cinglantes et folles en tourbillons inéluctables sauvez-moi encore une minute encore une seconde mais pour Dieu s'il existe ne me laissez pas étouffer je vous aime trop et vous m'abandonnez

Dieu je crois soudain l'approcher et dans cet instant je retrouve Brendan lui qui connaissait ces mêmes accès désespérés où la vie ne semble plus tenir qu'à un souffle un fil si ténu qu'à l'instant d'après il peut se casser les bras la poitrine la tête n'en peuvent plus de soutenir à bout portant cet esprit fou qui chavire et dérive dans la volonté d'exorciser les démons qu'il faut pourtant regarder en face et soudain tout s'abandonne les secousses sont encore violentes la tête remonte à la surface de l'eau en quête muette de l'air pur qui n'existe plus

seul le regard

les plaintes même sont impossibles

cette vie je ne sais même plus si je la veux encore

je veux

la paix

la sérénité
le nirvana
Brendan

quand j'étais petite j'attendais que le boulanger voisin de notre maison près du Port de Pêche de Lorient mette son pétrin en marche j'attendais et je savais alors que la vie reprenait que la nuit allait enfin finir et mes démons s'enfuir

je savais au bruit matinal que j'allais enfin pouvoir trouver un semblant de repos et être sauvée

j'étais exorcisée

j'avais alors besoin de prier

qui ne connaît la désespérance des nuits effrayantes où le souffle se perd ne peut savoir l'amour immense du matin rédempteur en retrouvant une fois encore le soleil le vent les feuilles

avant de mourir je veux faire un enfant une œuvre laisser ma trace sur la terre avant de me fondre dans l'univers

le plus horrible c'est l'implacable lucidité que je déteste quand mon corps ne sert plus qu'à m'étrangler et que seul mon esprit surnage ou survit et qu'il se détache de mon corps là-haut

et encore parfois j'ai aussi l'impression qu'il bat de l'aile comme un ballon dégonflé qui retomberait sur terre

je crains de ne vivre que par procuration car je ne supporte pas longtemps des conditions difficiles

je crains de ne jamais voyager qu'à travers les livres et de ne vivre jamais que les bébés des autres

mais je ressens le besoin vital d'écrire

est-ce pour ça que Proust a tant écrit après sa période mondaine

c'est le seul exutoire qui me reste quand toute ma vie tout mon être sont remis en question par ces crises qui me déchirent depuis trop longtemps

dans ces moments de désincarnation où mon esprit flotte très haut au-dessus de mon corps qui n'en peut plus de souffrir et où je vois ma vie et celle des autres avec un recul étrange comme si rien ne m'appartenait sauf cette boule de feu là-haut je sais aussi pourtant combien écrire est vain

mais tant pis demain au soleil sur les feuilles j'aurai oublié les craintes hallucinées de la nuit

***

sur le jardin
la pluie lourde et dure
purificatrice et fécondatrice

***

la faim était venue obsédante et envahissante

la faim qui coince l'esprit entre deux côtes qui fait saliver en passant devant la vitrine de l'italien rue de Seine et surtout qui nous pousse avec hargne à désirer autre chose n'importe quoi d'autre j'aurais pu me camer

j'avais fumé un peu ça me rendait euphorique je croyais avoir plus d'idées qu'en temps normal je m'arrêtais en extase devant mes idées et je n'avais plus besoin de les réaliser je ne faisais plus grand chose ou je ratais tout et j'ai arrêté brusquement

faire des voyages

ça m'a jamais tentée

peut-être parce qu'un soir où Nigel était en voyage je suis passée près de lui sans le reconnaître

et puis moi j'ai mon syndrome proustien

mes crises d'asthme ça me sert de drogue et de mystique ça me fait déjà tellement sortir de mon corps que j'aurais peur sous LSD que la corde d'argent se détache définitivement et les crises plus les médicaments ça me fait planer autant que l'acide

la faim qu'on essaie de tromper par une cigarette par un café par un verre d'eau ou un petit blanc sec quand malgré tout on est obligés de consommer dans ce café qui nous englue

et quand quelqu'un d'un peu aisé nous offre un sandwich c'est le paradis et une reconnaissance éperdue pendant les quelques minutes d'attente du sandwich

mais ici j'ai beau manger

je crois que je me laisse mourir

j'ai peur

comme si tout était devenu impossible même les choses les plus simples

j'avais besoin de la Bretagne en régénérescence

mais depuis je me laisse doucement mourir
presque douillettement mourir

le mois de juin je ne me rappelle plus
les vagues sur le sable ont effacé la trace derrière moi
je me rappelle seulement qu'avant j'étais calme et sereine
maintenant je n'ai plus envie de rien
pas même de me maquiller

pourtant ça m'a toujours sauvée ça
cette espèce de discipline qu'on fait d'abord pour soi avant de le faire pour les autres
les matins d'avant le printemps au Pot de Fer quand je me réveillais le matin et que je me demandais ce que j'allais bien pouvoir faire de ma journée
c'était toujours la même réponse
rien rien rien
alors je pensais aux faux-cils ça prenait du temps c'était ça de gagné sur l'angoisse je mettais à peu près un quart d'heure à les mettre et en comptant tous les petits traits que je dessinais autour des yeux plus le trait à la pliure de la paupière et plus les coups de blush-on par ci par là j'en avais bien pour une heure

en ajoutant mon déjeuner ça faisait la matinée et
j'avais pas eu le temps de gémir
    j'étais sauvée

    maintenant j'ai plus envie de mettre des faux-cils
    pour rester au lit ce serait encombrant

    ***
    j'ai oublié Nigel
    je reste ici à la maison sous la protection du sein
maternel
    je veux rien
    si je revois Nigel je suis foutue
    tout va recommencer et je suis trop faible pour
ça
    ici je suis à l'abri
    c'est un peu le jeu de l'autruche
    je sais
    mais au moins je mange

    en même temps savoir que Benoît crève la faim
à trente kilomètres ça me fout en l'air
    il faudrait qu'il vienne ici quelques temps
    on mangerait ensemble
    quel rêve

    il a plu toute la journée
    alors je suis restée dans mon lit
    j'ai lu ou relu Tristan et Iseult
    merveille d'intelligence
    pas un faux-pas pas une bavure
    cette histoire est la perfection

Benoît avait raison

l'épisode du jugement quand Iseult jure qu'aucun homme ne l'a jamais touchée si ce n'est le roi son mari et ce lépreux qui la porta dans le marais

cet esprit sans relâche c'est magnifique

et presque trop intelligent

ça me donne envie de vivre tout ça

my god tout ce que je voulais oublier en oubliant Nigel

il n'est qu'une partie de ma vie

juste un passant sur lequel j'ai cristallisé mes fantasmes du moment automne 67 pot de fer - Saint-Leu - visconti

alors voilà aujourd'hui je suis à Paris

je suis sortie pour un moment de ma crise schizophrénique et misanthropique

il fallait ranger des trucs au Pot de Fer

je me suis décidée à sortir de mon lit depuis hier

les rues de Paris froides et brillantes comme je les aime

j'ai reçu des nouvelles de Franck

il m'a envoyé des tas de trucs au Pot de Fer

des peintures

l'habitude sans doute

je lui avais même pas répondu la première fois

mais pourquoi ne peut-on jamais s'accorder penser les choses aimer quoi en même temps

je me souviens qu'un jour Hélène disait

parfois j'ai envie qu'il m'embrasse et je comprends jamais qu'il ne le fasse pas à la seconde même où j'y pense

à Paris ce printemps il croyait encore aimer Hélène et Christine était gentille avec lui et ça lui suffisait mais maintenant à Amsterdam il sait qu'il ne peut plus aimer Hélène et Christine est déjà partie avec un autre

alors dans la pensée et le souvenir il reste moi qui respectais son silence son angoisse et l'accueillais moi qu'il aurait aimé peindre ou dessiner mais il savait plus et il déchirait rageusement chaque esquisse

I ajoute Warum schreibt Hélène nicht ? Ich habe Sie lieb.

pauvre Franck Hélène est très loin d'Amsterdam
elle ne lit même plus la Bible
elle écoute Théodorakis

non sûrement il va se passer quelque chose
la dernière peinture de Franck me fait attendre autre chose
ça ne peut pas durer comme ça
demain ou plus tard

***

matin au Pot de Fer

ce déjeuner que j'ai préparé et pris seule

ces déjeuners qu'Hélène préparait et m'apportait dans mon lit

elle s'asseyait au pied et buvait son café très fort toujours

au fond dans cette fin de quelque chose mais de quoi je regrette surtout Hélène

ce sera dur de passer l'hiver sans elle

tout était plus facile du temps de Brendan

Brendan the god of my idolatry

mon père mon frère mon fils mon ami

cette amitié si rare que j'ai laissé se dissoudre se désagréger

par nervosité par agressivité par inquiétude d'autre chose

***

tempête sur la Bretagne

il pleut il pleut ici aussi

folle Marianne chérie est venue se reposer à la maison dans le jardin après son opération de l'appendicite

elle en est toute faible et gracile ça la rend toute langoureuse et émouvante

nous mettons à l'abri nos souffrances personnelles dans les coussins de velours et la chaleur du feu de bois de la maison rassurante

présence douce du chat intelligent ronronnant

relecture de Shakespeare après avoir goûté au
plaisir délicat d'une tasse de thé anglais dans une
porcelaine fine et fragile
 but listen to Radio-Caroline
 go go to the Isle of Man
 a paradise of green hills
 monsieur make your holidays
 in the Isle of Man

chattes frissonnantes dans la douceur des
réminiscences de la vieille Angleterre égayée par
les chansons de Radio-Caroline émetteur d'une
nouvelle Angleterre bien délirante

 ***
 j'attendais toujours
 je ne savais pas quoi

 la Plage grise en rêve
 je nageais nue sans bruit sans effort sans
remous je savais sous moi l'eau profonde la marée
était haute les eaux calmes
 je nageais doucement parmi des fleurs flottantes
comme des nénuphars mais sombres
 l'atmosphère était sombre
 sans couleur
 ou couleur de feuillage séché d'immortelle
 sans bruit

 je rêvais toujours
 je pleurais souvent

mon Dieu tous ces rêves
de plus en plus Nigel
sa tête de petit garçon
page boy angel
ses caresses ses baisers son sourire son corps
et toujours en rappel la Bretagne l'enfance la
nostalgie

***

par chance Hélène est revenue
nous nous retrouvons toujours

arrivée hier à Paris
elle pouvait pas rester en Grèce pour des
raisons politiques
il est resté là-bas

***

Paris de nouveau
en essayant de pas avoir trop faim
retrouver toutes les anciennes amies Agathe
MyJo
revoir Ava
elle dit
tiens j'ai vu Nigel il y a quelque temps il est très
beau
je veux pas le voir
je veux pas le voir
revoir Benoît
enfin
il me serre
il bégaie

qu'est-ce que tu as changé
il y a quelque chose d'autre en toi
une transmutation

pourtant je suis malade aujourd'hui
évidemment je somatise comme je peux
malade comme je l'ai été une ou deux fois cet
hiver au Pot de Fer et qu'Hélène me soignait de
toute sa sollicitude sa tendresse habituelle
dehors l'air est calme et froid et plein de silence
comme derrière les vitres du Pot de Fer cet hiver

c'était un mercredi j'ai pensé que j'allais pouvoir
vivre en gardant un certain recul
mais dans la nuit crise
qui remet toute la vie en question toujours
j'avais prévu de rester à Paris le lendemain pour
voir la reprise de Lola à la cinémathèque avec
Hélène
crise
tout parait foutu
plus rien n'a d'importance
à l'eau les espoirs que j'avais hier
impression de ne plus connaître personne
pourtant j'étais contente je venais d'apprendre
qu'Hélène était revenue alors j'avais envie de
revivre envie d'être jolie de mettre des robes envie
de sortir et puis la nuit insomnie des heures de
déchirures intérieures de tous les muscles de tous
les nerfs dans ma tête et dans mon cœur qui s'en
va qui s'en va comme avant et j'appelle Dieu
comme avant si seulement je pouvais quelque part

trouver de l'air trouver de l'espoir tout est foutu j'ai
perdu mon temps j'ai perdu ma vie

au matin je reste épuisée j'en ai déjà marre de
Paris ça me creuse trop le ventre je vais être
fatiguée laide j'irai pas voir Lola tant pis pour mes
rêves de quai brumeux à Nantes

je sais pas quoi faire mais je me lève enfin

dans le métro je manque m'évanouir

au Buci Marianne discute avec un noir américain
de Los Angeles à la table voisine

il parle de Frisco on lui avait dit avant son départ
pour Paris surtout évite le café de Buci et tous ces
gens qui sont là-dedans et bien sûr le premier
endroit où il est arrivé c'est le Buci il a de la chance
d'être tombé pile sur Marianne avec son altruisme
pour tout ce qui vient de l'Amérique elle va
sûrement l'aider à s'adapter très vite en lui servant
de guide

il paraît que j'ai une jolie robe une robe jaune
mais je me sens laide

Hélène va venir et on ira voir Lola Nantes mes
rêves je pourrais être une femme de marin attendre
comme ça toute la vie mais j'ai pas d'enfant je sers
à rien je suis vaine

Hélène arrive

j'aurais pas pu passer l'hiver sans elle

Marianne s'en va avec le noir américain

au comptoir il y a Bob

Bob le tueur

j'ai peur

ce dernier café à deux heures du matin toute la soirée ça avait été comme au cinoche Marlon Brando Godard Pierrot le Fou Bob qui mettait une pièce dans le juke box I Want You café de Seine rue de Seine où je pourrai plus jamais retourner Agathe près de moi Bob à l'autre table et sa réponse à ma question son rire son horrible rire j'avais la même robe le même manteau il semble que c'était hier soir

plus tard il faisait nuit je suis sortie avec Hélène rue de Buci pour trouver quelque chose à bouffer
on pouvait rien manger tout semblait dégueulasse
nausées

Hélène chère Hélène proche elle a voulu revenir rue Dauphine pour acheter un croque-monsieur à défaut d'autre chose à la petite boutique derrière le Buci
j'avais pas encore traversé la rue Mazarine j'avais encore rien vu ou ça pouvait être quelqu'un d'autre mais j'étais sûre c'était lui revenu au comptoir comme au dernier soir parlant avec Bob
Bob le tueur
Nigel le trafiquant
quelle image
et tout s'évanouit en une seconde

il est là
au comptoir
avec Bob

brusquement tout s'écroule je tremble comme
une perdue

je suis pas entrée au Buci pourtant
j'ai eu ce courage ou cette lâcheté
peur de Bob surtout
et peur de tout
comme le dernier soir
je croyais avoir oublié renié
je voudrais entrer lui parler
mais il y a Bob
Bob le tueur devenu Bob mon sauveur

j'ai suivi Hélène devant la petite boutique
le marchand de frites écoute la radio
une chanson je sursaute
c'est San Francisco que j'entends depuis pas
mal de temps sur Radio-Caroline
le type met la radio plus fort
c'est gentil je dis
je tiens pas en place je repasse devant le Buci il
peut pas me voir
ses cheveux une frange de petit garçon comme
dans mon rêve tout est pareil je voudrais me laisser
tomber au bord du trottoir et attendre que les gens
me marchent dessus pour rejoindre plus vite le
charnier natal mais immédiatement je pense que
j'ai une jolie robe et tout et tout
je rejoins Hélène
il faut pas entrer Nigel a l'air soucieux front
plissé les affaires les histoires les trafics non la

barbe c'est son problème pas le mien rien à faire
là-dedans
   Hélène demande
   est-ce que tu veux toujours voir Lola
   oui plus que jamais

   et c'est déjà merveilleux d'être près d'elle d'être
toutes les deux seules sans homme
   Lola symphonie de Beethoven vols de mouette
   le passage Pommeray désuet anachronique
magnifique
   nous sommes sorties de la Cinémathèque
serrées l'une contre l'autre de froid et de tendresse
proches dans les larmes de Lola
   non Lola pleurait pas
   c'était nous qui pleurions soudain ensemble nos
solitudes

   ***

   le matin je me suis levée nerveuse
   j'allais le voir il ne pouvait en être autrement
   je me maquillais à coups de pinceaux rageurs
   mais les choses arrivent toujours plus
simplement qu'on ne les avait pensées

   j'avais rendez-vous au Buci à trois heures avec
Marianne
   à deux heures j'étais là-bas
   elle aussi déjà discutant le coup avec le noir
américain de la veille
   j'ai pensé zut j'arrive trop tôt mais ça faisait rien
je connaissais des gens

Esther une petite espagnole aux jolis yeux brillants rencontrée récemment

et Aldo un italien qui m'a tout de suite invitée à boire quelque chose

Esther m'a raconté qu'elle avait été à Ibiza cet été et que c'était le paradis

je lui ai demandé si elle avait vu Brendan on ne sait jamais il est peut-être passé là-bas

mais non

je guettais toujours la rue j'avais un peu froid je buvais mon thé au lait j'avais pas encore mangé mais j'avais pas faim

Benoît arrive et Bob qui me dit hello

je dis aussi hello

finalement Marianne est partie avec le noir américain

Esther et Aldo sont partis aussi

je suis restée avec Benoît en terrasse

j'étais penchée pour écrire quelque chose

deux personnes se sont arrêtées devant notre table

je savais avant même de lever la tête que c'était lui

Nigel

avec une fille

j'ai souri bravement

il serrait la main de Benoît et me souriait comme étonné

il demandait how are you

je pensais tired mais qu'est-ce que je peux dire
il se penchait vers moi m'embrassait whispering
in my ear
how are you
j'ai dit tired
j'avais pas envie de parler
you're blue he said
yes I'm a baby blue as you see
you look different
maybe I am I told you I was tired
french girls always say they're tired je suis
fatiguée j'ai faim
c'est vrai j'ai faim aussi et j'ai froid but what
about you
I was in Ibiza
lui-aussi mais tout le monde va là-bas
did you see Brendan
who
Brendan you know him moustache blue eyes
et j'imitais d'une grimace brève l'expression de
Brendan
ah your love
good grief don't say that
no I didn't see him

il rit et je ris
comme le premier soir du côté de la bibliothèque
Sainte-Geneviève
la fille avec lui petite des lunettes des cheveux
bruns longs avec une frange très jeune en pantalon
il m'explique qu'il va rentrer aux États-Unis à la
fin du mois

j'arrive pas à lui dire quelque chose

je pensais you're lucky mais ça voulait rien dire

j'aurais pu ou dû dire you should stop your traffics your business and so on

you should marry this girl and be a good husband and have pretty little children and be a good man till the end of your life

j'ai regardé Nigel et j'ai dit

I saw you yesterday evening

where

here

je lui montre le comptoir du Buci

you were talking with Bob

Bob is he here

il regarde dans la salle mais Bob a disparu

il revient près de moi et demande si je connais un organisme d'étudiants qui fait des voyages par charter aux États-Unis

il répète sa question j'ai compris mais j'ai la flemme d'expliquer

il s'est penché

son visage est près du mien

son regard de côté je pense comme les lapins me transperce me fouille me possède

je pense comme avant mais quelle importance maintenant

I know one up the Boulevard Saint-Michel

je peux pas m'expliquer

je dis à Nigel en français je sais plus parler anglais

il me croit pas

son sourire son regard en coin
c'est fini le Pot de Fer tout est fini Nigel
Nigel caresse mes cheveux ma frange de petit
ange il m'appelait comme ça
il dit au revoir ma petite fille d'un accent
attendrissant comme les américains quand ils
parlent français
cet accent qui me charme comme une musique
mystérieuse aux vibrations magiques
il va s'éloigner avec son amie et se retourne
take care
comme il y a trois mois jour pour jour il avait dit
mais c'était la nuit au même endroit à deux mètres
près en regardant mon ventre
be good
and he was gone

il a pris la main de la fille et il est parti
voilà un charmant tableau
moi je me sens encore plus mal qu'avant
I was good mais ça n'a servi à rien

c'est mieux comme ça il va repartir là-bas ce
sera mieux pour lui
mais cette fille avec lui mais
mais oui elle me ressemble
elle doit avoir mon âge
mais c'est un peu moi les cheveux le visage la
taille
I love little girls
c'est vrai j'avais oublié
he loves little girls

***

avant j'ai été gravide
maintenant je suis libre et calme et vide
quand il y a trois mois Hélène et moi fêtions nos
libertés retrouvées
parce que Samuel n'était pas revenu il n'est
jamais revenu d'ailleurs
parce que Nigel était parti il est revenu lui mais
ça revient au même
c'était pas nos liberté que nous fêtions
c'était nos solitudes
soudain évidentes
et nous ne pouvions même plus sourire

alors qu'est ce que je peux faire
air trop connu
il pleuvait trop et puis et puis rien

je ne suis plus triste maintenant je suis calme

le soir je le revois seul et vite
il m'embrasse sur le front
et met sa main sur mon ventre

le bébé est mort avant de vivre

je ne lui ai rien dit

***

trois jours plus tard le Buci

je viens de traverser la rue devant chez Gudule
près de la petite boutique de la Loterie Nationale et
je le vois tout de suite lui à l'autre bout de la
terrasse
Agathe arrive puis Benoît
le soir tombe doucement sur nous
Nigel est avec sa petite amie
ils s'embrassent
Brendan disait il faut transformer le désir en
amour
il me faut donc les aimer tous les deux
ensemble
son amie et lui

le lendemain Buci encore dans l'attente toujours
d'on ne sait quoi
c'est le cercle qui recommence
Nigel n'est pas loin avec Bob
je reste seule avec mes papiers le Nouveau
Testament en anglais et The Waves de Virginia
Woolf
Nigel s'est levé Bob aussi et d'autres mecs pas
de nanas avec eux cette fois ils doivent aller à un
dîner d'affaires si je puis dire
ils traversent la rue Mazarine

je commence à écrire quelques lignes
quelqu'un s'arrête devant moi

quelqu'un qui me sourit
quelqu'un qui me parle
et je souris

et je réponds

c'est Pierre un malgache que j'ai croisé
plusieurs fois au printemps
c'était l'ami d'une fille du Buci qui faisait le tapin
elle était repartie dans le Midi pour se faire
avorter

je demande à Pierre de ses nouvelles
il paraît qu'elle n'a plus d'ennuis et qu'elle reste
dans le Sud
il s'assied près de moi
son frère m'avait draguée le premier au Buci
sans succès d'ailleurs le soir où Brendan partait à
Stuttgart
Pierre aussi était au Buci ce soir-là
je les avais pris pour des indiens et je les avais
trouvés beaux
ils me rappelaient les coloured people que nous
côtoyions enfants chez Omar l'ami de mes parents
qui recevait l'été notre fratrie un sud-africain
d'origine pakistanaise dans sa maison du Bon Dieu
à Wimbledon où passaient indiens zoulous sud-
africains rhodésiens tous coloured

plus tard la fille amie de Pierre m'avait dit
plusieurs fois
il voudrait te connaître il te trouve adorable
mignonne jolie
et moi je fuyais dans un éclat de rire
car seul comptait Brendan

Pierre je l'avais croisé parfois au mois de juin près du Buci

il devait habiter tout près

nous ne parlions pas

nous échangions des sourires ironiques rapides qui voulaient dire

toi tu ne perds rien pour attendre on se retrouvera

mais ce n'était pas encore le moment

car seul comptait Nigel

et le bébé

et voilà Pierre assis près de moi

nous parlons parlons comme si nous nous étions toujours connus

comme si pendant l'enfance nous avions partagé les mêmes jeux dans la même cour de récréation ou la même rue

il s'est excusé un instant pour parler à l'écart avec un copain

je vois revenir Nigel avec Bob et les autres

cette fois il est obligé de me voir

il s'approche

je souris

c'est fou ce que je peux sourire certains jours

il se penche vers moi m'embrasse doucement

je frissonne

how are you

je voudrais dire quelque chose mais j'ai rien à lui dire

il constate
your eyelashes are very long
je me suis dessiné des cils tout autour des yeux
un truc que je viens d'inventer qui fait des rayons
de soleils aussi sur les paupières
mais une fille bondit près de nous
hey Nigel how are you
et l'entraîne et le perd le retrouve et repart

Pierre est revenu
Nigel joue au flipper avec Bob
j'ai envie de casser quelque chose ce soir
je passe près de lui et je dis
raté
et il rate son coup
quand je sors de la cabine du téléphone il est
appuyé à la porte du café
je pose un instant ma tête sur son dos je dis
pardon je passe très vite

je rejoins Pierre avec beaucoup de rires
Nigel me voit derrière la vitre je sais qu'il est
déprimé
je sens la même tension que la nuit de son
départ même cadre même jeu même atmosphère
same feeling
anyway je peux rien pour lui
it's not my problem

j'ai refusé de dîner avec Pierre chez lui pas très
loin rue Visconti
j'ai les idées trop embrouillées

ce qui me plaît c'est qu'il ne dit rien en partant
il fait juste un signe de la main
il savait que c'était trop tôt
j'avais encore trop de choses à détruire

***

j'avais promis à Pierre que le lendemain il ferait
beau pour le premier jour de classes des écoliers
en m'éveillant au Pot de fer où je suis revenue
pour l'instant j'ai demandé à ma sœur et à Hélène
revenue aussi provisoirement s'il faisait beau
au même instant j'ai entendu la pluie
elles m'ont dit non il pleut
je me suis enfouie la tête dans l'oreiller
mon Dieu j'ai déjà perdu

le Buci vers midi quand même pour conjurer le
sort
j'écris
Tany arrive de loin bonjour
Tany c'est le noir américain qui vient d'arriver de
Frisco ami de Marianne qui m'a dit récemment
Tany a beaucoup de problèmes faut être très
gentille avec lui
encore un

il vient me demander s'il peut s'asseoir à ma
table
je veux bien
pendant qu'il va chercher son verre Pierre arrive
avec un ami
quelques phrases

tu as perdu
eh oui mais j'ai le soleil dans les yeux

il s'installe deux tables plus loin
Tany me dit qu'il veut faire l'amour avec moi sa
maîtresse ne l'aime plus et il se sent abandonné
Bob entre il s'assied près de nous
je lis Peanuts dans son Herald Tribune
Tany se met à philosopher sur Charlie Brown
à son avis c'est Charlie Brown le plus fort et
c'est lui qui gagnera plus tard
puis il s'en va

moi aussi finalement je n'ai plus grand chose à
faire ici
c'est comme ça avec le Buci quand on n'y est
pas on voudrait y être et quand on y est on se
demande ce qu'on fait là
instabilité chronique

il pleut beaucoup maintenant
j'ai couru en traversant le carrefour en hésitant
un instant à l'abri de la boutique Harris pour
hommes
je l'ai vu courir sous la pluie lui Nigel
il m'a rejointe a pris mon bras m'entraîne sous la
pluie
il me serre contre lui
je me sens belle soudain car il est beau

il y a une semaine maintenant que j'ai failli ne
pas rester à Paris la pluie mes rêves j'ai pensé ça
non il faut pas que ça recommence

when are you leaving Paris
on Monday or Tuesday
are you going back to San Francisco
yes
I hope you'll have some flowers in your hair
il entend pas ou comprend pas
Paris is too dangerous for me now il soupire
you seem very depressed
yes I am
mais le jeu toujours
sourire
he must go of course he must
ben moi aussi

j'ai dû rêver ça quelque part
je le reverrais je prendrais son bras nous ferions
quelques pas ensemble dans la rue Mazarine par
exemple pour parler s'expliquer
mais expliquer quoi
ben rien

il y a le jeu
il a toujours l'air de vouloir dire plein de choses
et il ne les dit pas
je voudrais parler et je ne dis rien
il faut rire
il a pris mon bras

je sens sa main contre mon sein à travers mon
imperméable et le sweat-shirt
let's go get stoned
Rainy Day Women Twelve an Thirty Five

me
lui
sous la pluie
mes bottes de caoutchouc claquent dans les
flaques
les gouttes de pluie coulent sur nos visages
il m'embrasse
il part mardi
San Francisco flower people
il demande que je revienne lundi avant son
départ
mais je pars ce soir à la campagne et je ne sais
quand je reviendrai
au feu rouge il m'embrasse
good bye
nous traversons le Boulevard Saint-Germain il
veut venir me voir à la campagne au Pot de Fer ou
n'importe où
j'explique que maintenant le Pot de Fer c'est fini
it was such a nice place

tant pis il faut se quitter
il m'embrasse encore
qu'est-ce qu'il lui prend à être si tendre
il a toujours fait du charme le beau Nigel mais à
ce point ouh là là

j'ai couru chez Ava voir son baby
good grief he looks like Charlie Brown
I'm not kiddin'

***

j'ai passé deux jours entre parenthèses à Saint-
Leu entre deux rêves
Nigel avec un désespoir accablant de
résignation
Pierre quelque chose comme mon amour pour
mes frères

puis la pluie a cessé

pourtant l'automne approchait

***

je rêvais de tissus de soie venus des Indes
d'Afghanistan
j'avais fait quelque chose pour lui et ça n'allait
pas
un oiseau a vibré
il est six heures du matin
j'ai dans la bouche ce goût de vin
je suis encore un peu ivre
des oiseaux ont vibré
cette histoire ne finira-t-elle donc jamais
quand il sera parti tout sera plus facile
il fait très beau dehors très doux dans le premier
soleil du matin

hier c'était l'automne

éternel Buci

je suis arrivée claquante virevoltante la tête croulante de boucles dansantes

pantalon noir de petit marquis mozartien et veste vert sombre habillée de velours précieux

maintenant que je suis sortie de mon lit ou de mon cocon

maintenant que je revis je veux être éblouissante

je sais pas je sais pas

Nigel m'avait dit

each time I see you you look different and younger today you're fourteen

et puis après

l'autre jour Tany m'a quittée en disant que j'étais folle parce que je ne voulais pas faire l'amour avec lui et que même pour un million de dollars je refuserais

il pleuvait et il disait que c'était un temps à faire l'amour

et puis après

douceur féminine de MyJo

on se rêve des capes des robes

elle me recoiffe boucle par boucle

elle me dit ta robe est merveilleuse

tu sais Dolly tu es trop belle il faut faire quelque chose

si j'étais un homme je te ferais la cour

et puis après

dans la rue Mazarine juste en face de chez MyJo
devant moi c'est lui
enfin je crois
un trench-coat jeté en travers des épaules
la coiffure de dos c'est ça
des jeans blancs
les pieds nus dans des sandales indiennes ce sont les siens
c'est lui
mais il a disparu dans le hall de l'hôtel
je traverse et l'appelle
Nigel
il demande si je veux monter un moment oui
c'est joli ma cape il dit
you're cute
quatrième étage
I'm so tired I can't breathe
it's not so bad
il sourit évoquant le souffle court après l'amour

chambre 19 au haut de l'escalier première porte à gauche

et puis après
soies des Indes broderies d'Afghanistan
chemises du Pakistan bijoux tibétains
il me dit qu'il aime la fille réellement
je lui dis
you look like a squirrel you know an animal jumping from tree to tree
il répète yes from tree to tree

et pour me récompenser de l'avoir si bien
compris il embrasse une de mes boucles
elle est indienne son amie
je me demande si elle est repartie
mais après tout ça ne me regarde pas
seulement il est là devant moi
écrasé seul
j'essaie de lui faire comprendre que je
comprends
you seem so lonesome

et comme il faut quand même pas trop
s'attendrir j'ajoute
like a poor lonesome cow-boy far away from
home

et c'est gagné

Brendan cher Brendan la veille de mon départ
affolé à Londres en mars dernier mes angoisses
terreurs j'osais pas faire un pas dehors Brendan ne
me quittait pas et il m'a dit
il ne faut plus avoir peur il faut transformer le
désir en amour
pourquoi il disait ça je comprenais pas pour qui
si c'était pour lui ou pour moi
maintenant je crois comprendre
c'était pour le monde entier
l'amour universel qui transcende

GOD IS LOVE

God is everything

je suis là dans cette chambre d'hôtel banale
je l'aime lui Nigel parce qu'il l'aime elle
son amie indienne
dehors il pleut très fort
il allume une cigarette
un livre sur la table
Seven Years in Tibet
il parle de Brendan
he's very intelligent Brendan
il baisse la tête crayonne quelque chose
I'm not intelligent I know that mais je connais un peu

c'est vrai ça il connaît un peu Nigel la vie le business les gens
mais après tout on ne lui demande pas d'être intelligent à Nigel
il a autre chose
même Hélène en convient elle qui au début ça fait cinq mois à peu près disait
il est pas intéressant il t'apportera rien
et MyJo tout à l'heure que j'ai laissée sur le trottoir réalisant soudain
mais c'est lui Nigel le fameux Nigel
ben oui
c'est pas vrai
mais si
c'est pas croyable il est très beau
ben évidemment

mais je vais partir
il me rattrape par un pan de ma cape
m'embrasse et me met en garde
stay out of trouble leave the little boys alone

encore un truc à méditer
c'est ça qui est terrible avec lui
il a beau not to be intelligent il me flanque
toujours à travers la gueule des sujets de
méditation
GOD IS LOVE par exemple
pas près d'être épuisé ça
but I love little boys

je descends quelques marches et me retourne
don't you
no I love little girls you know it
of course I know

je descends l'escalier il dit encore
au revoir ma petite fille

il pleut encore sur la nuit lente
au Buci des têtes des têtes des têtes

Pierre est là
assieds-toi au moins
merci t'as pas vu Hélène
non elle est pas venue au Buci

je téléphone mais c'est trop tard elle n'est plus à
la galerie

j'aurais dû téléphoner tout de suite au lieu de
monter chez Nigel

on va pas se retrouver et qu'est-ce que je vais
faire toute seule

tout était si bien cet après-midi et tout s'écroule
tout est à l'eau il pleut c'est l'automne aujourd'hui
ça devrait se fêter

Pierre demande
qu'est-ce que t'as fait de ton blond
mon blond quel blond
l'américain je crois
ben je l'ai laissé chez lui
c'est pas gentil ça
si au contraire
et je me sens soudain très bonne
altruiste même

Sam arrive
qu'est-ce que tu fais là
oh je suis contente de te voir

je croyais qu'on te voyait plus parce que
t'attendais un bébé

ben non je l'ai perdu tu sais et si j'avais eu un
gros ventre j'aurais été trop fière de le montrer
alors voilà je suis toujours une petite fille qui réussit
pas à grandir

mais il me dit

tu sais c'est pas avec des petits garçons qu'on
grandit mais avec des hommes

Esther arrive la jolie petite Esther qui demande essoufflée inquiète

t'as pas vu Nigel je devais le voir à sept heures

ben si je descends de chez lui

tu sais pas s'il va venir

oh sans doute mais il est chez lui 4ème étage chambre 19 première porte à gauche

et elle y va

Nigel m'avait passé des tissus pour que je lui fasse des chemises pakistanaises

il m'avait prêté une de ses chemises pour modèle et pour ma peine il me donnait à moi un très grand coupon de coton afghan blanc

je voyais bien une robe de mariée naturelle

la chemise de paysan pakistanais allait très bien à Hélène que j'avais fini par retrouver enfin ce soir-là

et pour fêter l'automne nous nous sommes gentiment saoulé la gueule

Hélène s'est endormie dans la chemise à carreaux qui avait gardé l'odeur de Nigel

***

le voir partir comme ça avec Bob et Esther une valise à la main

Bob balance l'International Herald Tribune

Esther porte à bout de bras sur un cintre une veste de velours de Nigel

il s'est retourné vers ici

sur le trottoir de l'Ancienne Comédie

ça me fait drôle
aujourd'hui destination Amsterdam
il a oublié qu'il devait repartir à Frisco

***

ben non il n'est pas encore parti et on est déjà
mercredi
avec Nigel c'est toujours demain avec beaucoup
de mecs aussi j'ai l'impression
sauf avec des types comme Samuel qui eux
disparaissent derrière une poubelle pour un paquet
de cigarettes oublié

qu'il parte merde j'en ai marre de le voir comme
ça
au Buci assis à la terrasse
traversant la rue
appuyé à une voiture
debout sur le trottoir
parlant avec un ami
américain aussi pas mal d'ailleurs venu
aujourd'hui me demander si je pouvais refaire une
couture à l'épaule de son blouson et puis rallonger
un de ses blue-jeans et tout et tout parce que Nigel
lui avait dit que je
non j'en ai marre
he gets on my nerves
je ne peux plus le supporter

hier je traverse le Luxembourg
et je rencontre un marron un seul j'en ai pas vu
deux

c'était le premier marron de l'automne c'est
toujours important le premier fruit il faut faire un
vœu et ça porte bonheur

je garde le marron dans ma main tout au long du
chemin

je pense marron brûlé marron brillant couleur de
feu couleur d'écureuil couleur des cheveux de Nigel
couleur des yeux brûlants de Nigel

je vais lui faire cadeau du premier marron de
l'automne

au Buci plus tard je passe près de lui sans qu'il
me voie

je glisse le marron dans la poche de sa veste de
peau et je reviens à ma place près d'Esther

il fait très chaud je finis le cognac que m'a offert
Aldo très sympa Aldo il paie souvent les sandwichs
et quand il a du fric des cognacs

et puis soudain Nigel me voit pose sa main sur
mon bras

j'ai mis quelque chose dans ta poche je lui dis

il fouille fébrilement il n'ose pas comprendre et
brusquement je comprends il pense hasch il sort la
main de sa poche le marron

a chesnut

il est fou furieux il a pâli rougi s'il le pouvait il
m'étranglerait

moi j'étouffe de rire

you're crazy crazy

un vrai fou rire mais lui ne rit pas du tout

I thought it was something else you're crazy

il m'a dit que c'était dangereux pour lui d'avoir des marrons dans les poches

j'ai trouvé ça encore plus drôle

deux jours avant il avait justement un morceau de cette taille-là dans cette poche-là de cette veste-là et que

oh zut ça ne m'amuse plus ces histoires de hasch

comme cet ami grec de Yannis rencontré par Hélène l'autre soir qui ne savait que répéter

mais vous allez bien fumer un petit stick

non désolée mais je n'ai pas besoin de ça pour planer

je pense de plus en plus qu'il est un peu bête le beau Nigel

l'autre jour celui où il pleuvait tant et qu'il a dit qu'il partait à San Francisco je lui ai dit

I hope you'll have some flowers in your hair

il n'a pas compris

et l'autre jour quand il faisait si chaud et qu'il m'a rejointe en face de chez Gudule il avait sur la tête un chapeau pakistanais tout brodé de fleurs je lui ai dit que c'était très joli

il a répondu que comme ça quand il retournerait à San Francisco il aurait des fleurs dans les cheveux

un peu décalé

***

Nigel a perdu son passeport

toute une après-midi il a fait semblant de ne pas
me voir et puis il est venu me dire ça comme si
c'était ma faute
décidément il doit croire que je lui ai jeté un sort
avec le coup du marron

***

la chaleur de ces derniers jours comme il y a
trois mois cinq mois
rester écrasée à la terrasse du Buci parler avec
des gens
hello darling
un américain un peu ivre s'écroule près de moi
je l'ai déjà vu à la Coupole
il parle il parle pas
I'm with you no need to talk
ok I understand I'm crazy about Bob Dylan
he's a friend of mine
il dit que Bob Dylan a eu un baby et puis un tas
d'autres choses que je savais déjà et puis quelle
importance il est gênant comme un singe bourré de
tics cassé le corps saccadé parfois sans raisons
il a dû passer la nuit dehors avec personne à qui
parler
seuls ses yeux clairs restent vivants

avec Hélène on a distribué des fleurs à tous les
gens qu'on aimait

***

Brendan n'était toujours pas rentré
ni Christine

on commençait à crever de peur pour elle les
dernières nouvelles venaient de Marseille de là à
l'imaginer à Tanger il n'y avait qu'un pas qui ne
nous aurait pas étonnés

Pierre était de plus en plus proche
il était avec un américain étrange à lunettes
encore un amerloque
mais celui-ci a l'air vraiment branque
un grand allemand beau comme un américain
dans un film d'Hollywood lui demande
where do you come from
I come from my mother's womb
encore un qui s'en remettra jamais
signes particuliers il ne marche pas mais sautille
à grands pas comme un échassier et il n'a pas l'air
de se laver plus que Brendan
c'est peut-être la revanche des américains à
Paris sur l'asepsie chronique de leur pays

Brendan
où est-il resté lui
je crois bien qu'il me manque
ou il manque au tableau familier qu'est la grande
fresque sociologique du Buci au carrefour des
influences

il fait si chaud comme en mai et en juin quand
j'ai connu Nigel
je veux voir Agathe que ce soit comme avant

aller à la Coupole comme en mai comme en juin
quand il faisait si chaud et que ma mini-robe de
crêpe rose était si dénudée
je veux voir Agathe
qu'elle me dise encore de son sourire épanoui
oh Marine je suis si heureuse de te voir et que je
la croie
Hélène tu crois qu'elle sera contente de nous
voir
mais bien sûr chérie tu connais Agathe
oui oui mais si on la dérangeait
mais non rien ne dérange jamais Agathe
et Agathe dit tout de suite
oh Marine mais c'est merveilleux que tu soies
venue
elle avait trouvé une chambre boulevard Raspail
elle vivait sagement avec un type très gentil
on va à la Coupole proche
Nigel n'est pas là il y a cet américain dont Esther
garde les enfants et un autre déjà vu au Buci le jour
où Nigel m'avait dit stay out of troubles leave the
little boys alone
il arrive avec un bâton d'encens à la main lourd
de senteurs léger dans sa tunique de soie il se
précipite vers l'américain en face de moi et
l'embrasse sur la bouche il a un grand chien noir
qui s'appelle Mohawk et une femme-femme qui
veille sur lui comme sur un enfant très émouvant

la balade des américains continue
sur les mêmes lieux que nos aînés
Fitzgerald Hemingway Miller

***

une après-midi comme je lisais la Recherche
dans le métro
Albertine est morte
chute de cheval contre un arbre
ça m'a fait un choc comme si je l'avais connue
personnellement

***

et à la fin de la semaine Christine est rentrée
Christine sur les routes
sa flûte un cahier de notes un livre de Kerouac
sa tristesse d'avoir perdu son alliance au retour
d'Allemagne où elle s'était fait violer
à Cassis elle avait rencontré Gary Hemming
elle était folle de lui et devait le revoir dès qu'il
reviendrait à Paris
leur rencontre avait été très pure près d'une
fontaine bucolique
elle avait aussi connu une fille merveilleuse avec
qui elle avait fait l'amour une américaine

de nouveau elle m'a enveloppée caressée
envahie
et tant mieux parce que je n'aurais pas supporté
de me réveiller le matin sans personne autour de
moi

le vent claquait j'ai eu peur
la tempête est venue d'un coup comme toujours
impérieuse et envoûtante

j'ai pensé au bateau le bateau que Simon doit
ramener au Havre depuis Lorient
pourvu qu'ils se mettent à l'abri d'un port

***

nous allons de plus en plus souvent chez Pierre
dans son atelier rue Visconti
aujourd'hui j'ai envie de passer la soirée chez lui
je vais couper les chemises de Nigel
jusqu'à maintenant je n'avais pas envie de les
faire mais il va finir par revenir et j'aurai rien fait

Pierre est seul chez lui
feu de bois dans la cheminée

fais-moi un beau baiser et je te dirai une bonne
nouvelle
ah qu'est-ce que c'est
voilà Nigel est revenu il va venir ici tout-à-l'heure
avec Christine
non c'est pas vrai
si si
c'est pas une si bonne nouvelle que ça
je croyais que tu serais contente
pas du tout j'ai pas envie de le voir

du coup je n'ai plus le temps ni l'envie de couper
ses chemises
je m'assieds aux pieds de Pierre devant la
cheminée
tout devient confus
j'attends quelque chose

mais quoi
depuis hier quelque chose s'est détraqué
c'est peut-être le temps qui a changé et ça me
rend nerveuse

des gens arrivent
il y a toujours des tas de gens ici
et même Hélène qui fait une drôle de tête

ta sœur m'a appelée il est arrivé un petit
accident à ton cousin Simon
quoi quoi
elle minimise je crains le pire
il est
non non il va bien il a parlé au téléphone avec
ses parents
alors quoi
ils ont fait naufrage lui n'a rien mais son copain
a disparu

alors c'était ça ce poids depuis la tempête de
l'autre nuit
c'était tellement évident que ça semble
impossible
c'était ça que je voulais éluder en venant
chercher près de Pierre un peu de chaleur de
sécurité dans son abri rassurant tendre caressant

il faut téléphoner pour avoir des précisions
je retourne au Buci
Christine et Nigel sont là
Christine sait déjà elle a vu Hélène elle me dit

ne pleure pas
mais Nigel me fait un croc en jambe quand je passe devant lui
je trébuche titubante ivre de mer dans les yeux
where are my shirts
I'm sorry I can't explain I must give a call my cousin had a wreak
is it an excuse

non pas possible un tel mauvais goût une telle suffisance je vais dégueuler

Nigel mon premier amant est définitivement coulé

mon cousin solitaire et barbu était sain et sauf mais cette expérience le changerait à jamais

Nigel s'est excusé
Christine avait dû lui expliquer

***

je suis restée dormir chez Pierre entre Christine et lui dans la petite chambre sur le grand matelas par terre
toute la nuit j'ai vu une tête s'enfoncer et disparaître dans les eaux sombres des vagues
je retrouvais l'angoisse de mes nuits de tempête d'enfance au Port de Pêche de Lorient quand je pensais à tous les pêcheurs sur la mer dont les chalutiers n'étaient pas rentrés à l'abri d'un port

en solidarité avec eux je perdais le souffle et
restais en veille

Christine dort agitée
elle se gratte partout

je dors pas
elle cherche ma main
murmure consciente dans son sommeil
mais tu es avec lui
comme avec Franck quand Brendan est tombé
les vagues
elle se tourne et se retourne près de moi
mal de mer
ne rien pouvoir faire pendant le chavirage parce
que le copain n'était pas attaché pendant la
manœuvre
le temps de remonter à bord pour chercher un
bout c'était trop tard
en même temps j'ai eu besoin de rendre grâces
aux divinités de l'eau et du ciel qui en ont sauvé
un

Pierre s'est endormi une main sur ma cuisse
l'autre sur mon sein
j'ai pas dormi
à 8 heures la menuiserie du rez-de-chaussée
commencera à travailler
un peu plus tard je partirai sous la pluie
l'après midi je reviendrai doucement
Pierre dormira encore
je me glisserai le long de son corps doré

il me caressera
j'apprendrai qu'un main peut tout donner
je repartirai en courant et le soir je reviendrai
il me gardera près de lui
et et
et je resterai

mais c'est une autre histoire
l'histoire du Buci était terminée

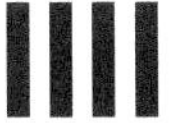

67-68 pot de fer - visconti - nantes

… Il éprouvait l'étrange besoin de remettre les pieds dans la trace de ses pas, comme si son existence se mouvait le long d'une orbite préétablie, à la façon des étoiles errantes.
Marguerite Yourcenar in *L'Œuvre au Noir*

***

Brendan a fini par rentrer un jour d'octobre 67
il venait de l'Arche la communauté de Lanza del Vasto

il s'était fait une mère de Chanterelle la femme du patriarche et un ami du bébé Yann de 2 ans né à la communauté

c'est avec eux qu'il avait eu les meilleurs rapports

mais ai-je su l'écouter
avais-je déjà oublié mon séjour là-bas
oublié que j'avais été fascinée par leur vie simple et évidente
oublié que j'avais souhaité y retourner
ou avais-je perdu toute mystique et toute spiritualité depuis que je faisais physiquement l'amour

il a dû le penser
sans me juger
il ne jugeait jamais
mais il l'a compris

il regardait les autres en transparence
et les aimait tels qu'ils étaient

alors il a écrit pour moi sur deux petits papiers
de sucre des raffineries de Saint-Louis pas
Missouri mais Marseille deux papiers qu'il avait
dépliés et défroissés soigneusement après avoir
mis les sucres dans son café au Buci où je ne
faisais que passer
il avait écrit sur l'un

   ô plus douce que la rosée
   plus brillante que
   l'étoile du matin
   le salut de l'aube

   et sur l'autre

   ô inébranlable
   comme la pierre
   de la nuit
   ô douce comme
   les bleues fleurs
   du matin
   la bénédiction
   du soleil
   sur votre front

derrière près du domino et du petit lion
il avait signé de son prénom

j'ai encore depuis si longtemps ces deux petits
papiers
comme des prières
comme des reliques

c'est tout ce qui me reste de lui

je l'avais perdu
parce que j'avais moi-même changé
depuis que je découvrais mon corps

c'était fini
même si je le rencontrais encore parfois du côté
du Buci en allant rue Visconti où je rejoignais Pierre
de plus en plus souvent
même s'il m'arrivait encore de penser à lui
quand par exemple je rencontrais dans un
appartement où je passais une soirée mondaine
une statue magique ensorcelée qui m'envoûtait
un bronze du Tibet un homme géant à tête de
dragon faisant l'amour avec une petite divinité en la
prenant précieusement par derrière
délicatesse de la posture arc d'un pied sur la
courbe des reins du dragon et les bras les multiples
bras vers le ciel en demi-cercle
j'aurais aimé que Brendan voie cette statue

ou quand je le rencontrais chez Pierre

un soir se chauffant au feu de bois de l'atelier
assis près d'une fille
une nouvelle sorcière sans doute
pas de bruit sauf le craquement des flammes
tout était sombre sauf ce foyer
j'ai eu l'impression ce soir-là de pénétrer dans
un mausolée
c'était il est vrai la nuit de la Toussaint

***

une autre fois nos chemins se sont croisés

un soir où j'avais découvert Pierre avec la belle
américaine dont Christine était aussi amoureuse
je me suis retrouvée dehors perdue de sanglots
au Buci j'ai rencontré Brendan
souvent quand je m'étais crue perdue
ce qui est toujours faux j'ai appris ça depuis
j'avais rencontré Brendan sur mon chemin soit à
la Contrescarpe soit près de la Sorbonne soit au
Buci
il m'avait toujours guidée
ce soir-là il avait dû faire de nouveaux vœux
à l'abstinence la chasteté et l'obédience il
ajoutait le silence et la cécité
j'ai demandé où il voulait aller
il a fait un signe avec la main
un cercle avec quatre doigts

j'avais compris

je l'ai pris par le bras

ok tu es Œdipe je suis Antigone
je l'ai conduit place de la Contrescarpe

rue Monsieur-le-Prince je pleurais
devant le Panthéon je pleurais
derrière le Panthéon je pleurais

place de la Contrescarpe
au centre du monde formé par les quatre arbres
j'ai arrêté Brendan
j'ai dit maintenant ouvre les yeux
il a levé la tête vers le ciel
j'ai baissé la mienne comme devant un échec
et j'ai pleuré pleuré

Brendan toujours sans un mot mais les yeux
ouverts cette fois m'a prise moi par le bras et d'un
pas sûr m'a raccompagnée jusqu'au Pot de Fer
    où il s'est assis sans parler
    le vendredi à l'Arche les compagnons font
silence et jeûnent
    Marianne est arrivée
    nous avons dîné
    des moules marinières
    Brendan a dîné avec nous
    rompant son jeûne à défaut du silence
    puis il est parti sans dire un mot
    en faisant des signes de bénédiction

    quelques jours plus tard Christine m'a parlé de
la belle américaine qui était l'autre soir avec Pierre
devant les bougies intimes

si tu l'avais connue toi aussi tu l'aurais tellement
aimée

transformer le désir en amour
je ne devrais jamais oublier que Brendan avait
quand même raison

***

puis ma vie a continué
avec Pierre
une vie folle angoissante possédée âpre et
passionnelle
j'ai oublié les problèmes métaphysiques de
Brendan
l'hiver a été froid et brûlant

***

le deux février suivant nous avons fait une
crêpe-party au Pot de Fer pour maintenir la
tradition comme c'était aussi l'anniversaire de
naissance de Brendan je l'ai invité en le rencontrant
ce jour-là du côté du Buci et l'ai emmené au Pot de
Fer

la crêpe-party a été ratée
tout était différent
la magie était foutue
on n'y croyait plus

et puis l'hiver a passé
il y a eu le printemps
le mois de mai 68

et tout ça
Pierre était au Comité d'Occupation
la vie était belle
tous les lendemains chantaient

un après-midi au retour de la Sorbonne occupée
j'ai rencontré Brendan en passant devant le Buci
il m'a dit
je vais partir
sa famille le rappelait à Saint-Louis un de ses
frères allait être ordonné prêtre et il se devait
d'assister à la cérémonie pour l'accompagner
spirituellement

Brendan n'avait plus de place ici dans la
superbe incongruité de sa non-violence marginale
il ne pouvait plus refaire tranquillement le
parcours de Saint-Denis portant sa tête dans ses
mains
trop de bruit trop de monde partout
le temps allait trop vite
trop d'événements arrivaient
pour pouvoir méditer en paix
sur le sens de la vie

Brendan n'était plus de ce monde

c'est la dernière fois que je l'ai vu
et plus personne n'a eu de nouvelles de lui

***

le 3 mai 68 j'avais aussi retrouvé Nigel à l'inauguration de la boutique des deux stylistes américaines Mia et Vickie rue Bonaparte

un an jour pour jour après notre première rencontre

qu'est-ce qu'il foutait là

toujours beaucoup d'américains bien sûr mais nous étions dans un autre monde que celui du Buci de 67

un monde plus mondain plus artificiel aussi
avec des amis il faisait le light-show

ils projetaient des couleurs et des lumières qui changeaient tout le temps en éclairs en globules un peu comme un kaléidoscope dans tous les sens en dégueulis psychédéliques violents

il avait dû se reconvertir
ou c'était une couverture
ou un moyen de trouver des clients

en tout cas il n'était pas rentré à San Francisco

il n'avait pas changé
il semblait toujours aussi sain extérieurement
de cette beauté simple qui m'avait séduite

mais l'amie qui m'avait invitée à cette soirée mondaine du Tout-Paris

m'a dit entre ses dents

ça m'a encore l'air d'une sacrée planche pourrie

il est vrai qu'elle m'avait déjà sauvée du naufrage d'avec Pierre un peu plus tôt dans l'hiver et elle se méfiait instinctivement de tout ce qui rappelait ma vie d'avant

***

puis Brendan et Nigel je les ai oubliés

trop de choses à découvrir
trop de mecs à dévorer

je jouais à qui perd gagne à la Sorbonne au repos du guerrier

il m'arrivait de croiser Christine ou Hélène mais nous n'avions plus les mêmes chemins
Hélène dessinait maintenant des modèles pour une boite américaine de prêt-à-porter était payée par les américains en bons dollars américains et ne se sentait pas concernée par les revendications des ouvriers français
et elle n'avait jamais été étudiante
au moins c'était clair
Ava était partie en Italie
MyJo au Venezuela
Agathe et Benoît non plus n'étaient pas dans le mouvement
mais où étaient-ils

c'est après les événements que la police a fait un sacré coup de filet
au Quartier
pas chez les militants enragés

mais chez ceux qui étaient restés en dehors du coup à fumer tranquillement dans leur coin et qui paradoxalement payaient pour les autres

c'est comme ça qu'Agathe s'est retrouvée en taule
parce que pendant l'hiver ou le printemps elle était allée vivre avec un jules qui faisait le trafic comme au bon vieux temps
un pseudo-ami du Buci les avait dénoncés

Agathe a fait un mois de taule
son jules a pris trois ans déclarant qu'il était responsable lui qui l'avait entraînée elle sur la mauvaise pente qu'elle n'était pas fautive que c'était par amour et tout et tout c'en était émouvant

Agathe m'a dit après
tu vois je n'aurais jamais dû m'éloigner de toi la tante d'Ava avait raison ce qu'elle avait prédit est arrivé cette année
il est vrai que les petits copains de Nigel ceux que la tante d'Ava avaient vus étaient tous en taule
Bob et leur copain noir étaient à Fresnes dans la même cellule ils se tapaient dessus toute la journée l'un devait sortir avant l'autre et à la sortie du deuxième ce serait un sacré règlement de comptes
Nigel on ne savait pas où il était
était-il seulement en prison
pas sûr
démerdard le beau Nigel

***

jeux olympiques 68 à Mexico vus à la télé

j'ai regardé les deux noirs américains vainqueurs sur le podium

tête baissée coiffée d'un béret noir poing levé ganté de noir

j'ai pleuré d'émotion devant leur courage leur dignité

en ce geste je retrouvais tout mon amour pour nos coloured people

nos amis sud-africains et rhodésiens Waddy Huri Ompje Hadji quand nous étions enfants chez Omar

eux qui s'émerveillaient de pouvoir librement se promener avec nous dans les rues de Londres alors qu'à Capetown ou Johannesburg ils n'auraient même pas pu nous regarder

nos amis noirs américains des années Pot de Fer à Paris Melvin Ted Fire Liz Tany Soloman ou Tommy

tous les visages rencontrés chez George Whitman ou au Buci

libres à Paris mais ségrégués chez eux

condamnés à être champions universitaires ou à se distinguer par une œuvre artistique pour être reconnus

tous étaient de grands amis de Brendan

je pensais aussi à Pierre le métis qui avait choisi la nationalité de sa mère au moment de l'Indépendance malgache

Pierre que je venais de quitter mais dont j'approuvais les principes de la lutte révolutionnaire même si je n'en approuvais pas toujours les moyens

cette image de Mexico résumait soudain avec une force plus grande que les mots la protestation des exclus pour l'égalité des droits de tous les êtres humains avec grandeur et noblesse

printemps 1969

peu à peu c'est venu
mon regret de Brendan
il avait disparu
d'abord je n'avais pas fait attention il y avait trop
de choses à vivre trop de gens à connaître
puis deux ans après je me suis retrouvée seule
et j'ai regretté cette vie que nous vivions entre le
Pot de Fer et le Buci
et surtout j'ai compris que Brendan n'avait
jamais cessé de m'habiter plus sûrement que s'il
m'avait connue au sens biblique du terme
il me manquait toujours
personne n'avait pu remplacer sa présence
auprès de moi
et personne ne le remplacerait jamais

malgré moi je le cherchais partout
à travers l'odeur de l'air
la couleur des rues près de la Seine
à travers toutes les lignes oubliées écrites deux
ans plus tôt
il y a deux ans il y a des mois il y a des mots
je rencontrais parfois des visages du Buci de
plus en plus rarement il est vrai car nos itinéraires
avaient changé
quand cela arrivait on me demandait toujours
est-ce que tu sais où Brendan est parti
je ne savais pas
personne ne savait

***

un jour chez Jean j'ai retrouvé les panneaux de
toile décorés rue Maître-Albert deux ans plus tôt
les panneaux devant lesquels Mathias m'avait
photographiée avec mes modèles
je ne savais pas qu'il les avait gardés
Jean lui non plus ne savait rien jeter
Hélène Agathe Benoît Ava Christine Marianne
Brendan toute la bande
nous parlons de tous
comme si c'était hier
comme si c'était aujourd'hui

alors j'ai senti que je devais impérativement
partir à la recherche de Brendan et de tout cet
amour qui nous unissait cette année 67 entre le Pot
de Fer et le Buci

***

un Paris chaud et un Quartier qui ne me
reconnaît plus
un soir chaud comme il y a deux ans
je me dis que c'est un jour rêvé pour rencontrer
Nigel
le genre de rêve qu'on peut faire en étant sûr
qu'il n'arrivera pas

non je ne rêve pas
à la terrasse d'un café entre la rue de Seine et la
rue de Buci
assis près d'une fille qui regarde un passeport
avec lui

ben oui
Nigel avec cette même somptuosité animale qui
m'avait fait le choisir pour commencer ma vie
amoureuse
il n'est donc pas en taule lui
alors que ses petits copains y sont depuis deux
ans
je ne me suis pas arrêtée
après tout il n'était qu'un passant
je passe moi aussi
il m'a pas vue
j'ai peut-être appris ça
à ne plus attendre
ni un homme ni un enfant

il paraît qu'Ava est à Paris
et que de nouveau elle attend un bébé

je crois toujours rêver

Brendan il est où lui
il me manque
il pèse sur moi comme un remords
c'est peut-être de lui que je dois accoucher
il y a trop longtemps que je le porte en moi

j'ai jamais su parler de lui
je devrais peut-être pas
écrire sur Brendan c'est avouer mon échec de
l'avoir laissé perdre

mais Brendan n'est peut-être pas tout à fait perdu maintenant que je sais au travers des coïncidences et des contingences que je l'aime

quelqu'un m'a dit
Brendan il est peut-être dans un asile
les américains ne plaisantent pas avec ce genre de cas

Brendan a disparu
et il n'avait pas besoin de mon livre pour chercher Dieu ou le regarder en face

souvenir d'un soir de soleil couchant sur le Pont des Arts
moi en velours violet de page moyenâgeux
Brendan en clochard céleste
et le silence sur l'eau

j'aimerais être un moine et travailler au calme de ma cellule
méditer enfin au lieu de m'agiter
revoir Brendan au creux de ma concentration
Brendan et ses symboles
au-dessus du tangible

j'ai soudain la certitude que dans cette vie ou dans une autre
je retrouverai Brendan
je réparerai alors les fautes de mon agressivité ou de mon innocence

les erreurs de ma recherche désespérée des
autres
avec la peur folle de me donner
et le désir quand je m'étais donnée de me
reprendre

à la Coupole où je suis revenue retrouver l'air du
passé
une seule personne maintenant passant ici
pourrait me faire lever et le suivre n'importe où
c'est Brendan
mais Brendan ne viendrait pas à la Coupole
et le Dôme est fermé pour transformation
je me demande ce qu'ils ont fait de La Barraca
et de sa table du fond

je n'aime plus faire le thé
je l'ai trop fait au Pot de Fer pour tromper notre
faim

Ava subit sa deuxième grossesse
avant malgré ses difficultés elle était toute
attente transcendante
elle rayonnait son enfant
elle se sent lourde et grosse elle ne supporte
pas de revoir ses anciens amis elle ne sort plus
elle aussi a perdu sa magie

les prévisions de la tante d'Ava ne se sont pas
réalisées pour moi
mais j'ai peut-être quand même un karma à
réaliser

sauver un homme par un bébé

j'ai pas eu de bébé
l'Enfant-Jésus ou le Messie que nous attendions
tous n'est pas venu
j'ai pas eu non plus de petite fille
d'ailleurs j'en veux plus de bébé et je fais gaffe
immédiatement après ma fausse-couche j'ai pris
les pilules que nous donnait l'ami médecin de MyJo
mais c'est vrai que j'ai failli me prendre pour la
Vierge Marine

Hélène s'est complètement déglinguée et sera
peut-être stérile parce qu'elle n'avait jamais assez
d'argent pour aller chez le toubib et qu'elle avait
peur d'entendre un gynéco lui dire qu'elle était
malade

qu'est-ce qu'on avait fait à Dieu
nous faisions toutes beaucoup de fausses
couches

Brendan disait que j'étais Siva
être androgyne
homme et femme
bien et mal
destructeur créateur et serein

et lui qui était-il
peut-être le grand Rama
le souffle
mais ni être mâle ni être femelle

esprit vital

***

j'ai retrouvé un type du Buci à la Fac de
Vincennes la première année
Ali un iranien ami de Marianne qui connaissait
bien Brendan
il l'aimait bien je crois
mais tout le monde aimait Brendan

nous étions ensemble au cours de Théorie
marxiste
et nous parlions de Brendan
Ali pensait que Brendan nous aurait aidés à
résoudre à un échelon personnel les problèmes de
la lutte des classes car pour Brendan c'était résolu
Brendan encore à Paris en France serait venu à
Vincennes
il aurait contesté Foucault dans son Discours sur
la Sexualité
dans les AG mouvementées au milieu du bassin
il aurait dit
Dieu ne m'a pas mis au monde pour juger
ou il faut transformer le désir en amour
et serait allé méditer sur le toit
assis en lotus près du drapeau viet-cong

Ali savait très bien l'imiter
en trente secondes j'ai retrouvé Brendan
son regard perçant
son geste du doigt pour remonter les lunettes
cassées

ses épaules penchées

maintenant il nous manque

Brendan remarquait tout
même les choses les plus banales les plus
simples dans la rue ou sur une carte postale
prenaient à travers ses yeux une autre dimension
transcendante
c'est ça Brendan transcendait tout ce qu'il voyait
il y avait toujours avec lui quelque chose de
nouveau à étudier quelque chose pour parler pour
regarder pour méditer

Ali connaissait Brendan en paroles
moi je me rappelle le silence de Brendan

mais je n'ai peut-être connu qu'une apparence
de Brendan comme m'a dit Soloman plus tard

Ali m'a ouvert les yeux sur deux questions
il m'a demandé
pourquoi toutes les filles étaient folles de
Brendan
et si Brendan faisait le trafic

j'ai pas compris
j'avais jamais pensé Brendan en concepts
habituels
j'aurais pu dire ça de Nigel
toutes les filles sont folles de lui et il fait le trafic
mais pas de Brendan

pourtant Lyane
puis moi
puis la nouvelle sorcière
et même Christine qu'avait failli
mais non c'était pas du désir
c'était de l'amour
et le trafic pas possible
un soir où j'avais fumé il m'avait tellement
engueulée
il disait que c'était pas pour moi qu'il fallait pas
mais alors pourquoi Nigel le premier soir de son
arrivée au Buci
pourquoi voulait-il voir Brendan au Dôme
ce soir où j'ai perdu Brendan qu'est-ce qu'il
voulait faire avec lui

je crains en revoyant ceux qui l'ont connu de
perdre Brendan
tel qu'il était pour moi en moi
rare précieux
comme ma pierre de mer
comme aquamarine

il grandit lentement en moi
comme une fleur d'eau

dans la méditation parfois déchirante de
quelques mots
il faut transformer le désir en amour
et de la phrase de Lanza del Vasto

que toute chose désirée dise à tes yeux je ne
t'appartiens pas

détachement sérénité nirvana néant

5 août 1969 moulin richard de bas en auvergne

je suis montée sur la montagne pour mieux le retrouver en moi près des sources et des ruisseaux dans le silence

après les nuits délirantes passées à chercher mon souffle en lisant Au-dessous du volcan de Malcolm Lowry prêté par Jean

dans le soleil du matin j'y crois je touche du doigt un monde que j'avais cru oublier

et j'ai commencé à écrire le livre d'aquamarine

***

j'ai frémi cet été-là en apprenant la mort de Gary Hemming dans le Park National du Wyoming entre les sapins au bord d'un lac

un cadre pour lui

sa recherche des cimes nietzschéennes

le visage de soleil éclaté

pourquoi toujours la grande question

son aventure platonique avec Christine

je l'avais croisé une dernière fois pendant une manif du mois de mai 68

un cadre trop beau à la mesure de son aura

qu'a-t-il pu se passer avant l'éclaboussure au bord de l'eau

j'ai reçu peu après une carte d'Angleterre Hélène m'écrivait sur une reproduction d'Albrecht Dürer j'ai pensé que l'endroit choisi par Gary était

comme ce paysage d'aquarelle et j'ai prié pour son
âme

***

30 octobre 1969
Jack Kerouac est mort
Michel Lancelot vient de l'annoncer dans
Campus
et c'est Dylan qui le chante
Like a Rolling Stone

cet été Gary Hemming
aujourd'hui Jack Kerouac

c'est comme si j'allais perdre Brendan

toute une époque qui finit

***

j'ai continué ma route
avide de connaissance
j'ai eu beaucoup d'amants
c'était ma façon d'apprendre la vie et de
connaître le monde
à tous je parlais de Brendan
le seul qui ne m'avait pas touchée
certains comprenaient ma recherche intérieure
d'autres ont prétendu me guérir de mon passé
en combien me serai-je noyée pour m'exorciser
aucun ne m'a retenue

et j'ai porté longtemps cette obsession de retrouver Brendan

j'ai essayé la radiesthésie pour savoir s'il était au Mont-Athos

j'ai parfois interrogé les tarots pour leurs beaux symboles

j'ai tenté de le visualiser selon les techniques Rose-Croix

je suis allée à Londres voir Hélène installée là-bas depuis fin 68

je suis allée à Formentera rencontrer l'esprit du lieu

j'y ai revu Néron déjà retrouvé chez Hélène au moment du festival de Wight 70 à sa sortie de 3 ans de taule en Grèce depuis l'été 67

je suis allée en Italie à Bomarzo rechercher Ava qui était déjà ailleurs

j'ai failli retourner habiter au 20 rue du Pot de Fer

non plus du côté du monastère des Bénédictines et du Panthéon

du côté de la rue cette fois

et le charme s'était rompu

parfois je croyais encore que tous allaient revenir

j'avais des hallucinations

je rêvais beaucoup

chaque printemps quand l'air devenait clair sur Paris j'y croyais encore

je vais le rencontrer

je vais lui parler

mais ce n'est pas lui

un jour d'été je suis retournée chez George
Whitman acheter un tome du Journal d'Anaïs Nin
George a eu l'air d'apprécier mon choix
il m'a fait un clin d'œil bleu m'a demandé
comment j'allais ce que je devenais
j'ai dit que j'allais partir à Londres
alors il m'a donné l'adresse d'un ami à lui qui
hébergeait aussi à Londres les gens qui n'avaient
pas l'argent
j'ai sorti mon carnet de notes du cartable en
vinyle jaune qui m'accompagnait partout

il m'arrivait encore de passer dans le Quartier de
plus en plus rarement car ma fac était excentrée au
Bois de Vincennes et j'habitais sur les grands
boulevards toujours avec ma sœur

je regardais encore les Cinq-Billards et l'Hôtel de
Carcassonne juste à côté où Brendan habitait
avant l'Hôtel du Sud
pour combien de temps encore
rue Mazarine l'Hôtel du Sud avec son odeur
inégalable avait disparu
comme l'Hôtel des Four Nations en face où
habitait Nigel
je ne retrouvais plus rien
à la place les promoteurs prédateurs avaient
construit des immeubles de standing
ils ont tué l'âme du Quartier tué le génie du lieu
castré la magie et détruit le mythe

même Tina avait fini par vendre son café de la
rue Jacques-Callot
on en a fait une mazarinade spaguettichose
des tas de boutiques de mode ont fleuri partout
pas la mienne
je n'étais même pas assez douée pour ça

***

un jour j'ai perdu ma pierre d'aquamarine mon
cristal précieux
le morceau brut d'aigue-marine que Brendan
m'avait offerte pour mon anniversaire
depuis plus de quatre ans je la tenais dans ma
main
elle avait la couleur de ses yeux et la profondeur
de la mer
elle était là pour me soutenir
elle était magique
elle était mort
non je voulais dire moi
et j'ai dit mort
moi égale mort
dois-je comprendre enfin que tout ce passé est
mort
dois-je croire que je suis délivrée
de la hantise de perdre la pierre déjà
délivrée de ce morceau d'océan au creux de ma
main
délivrée de ma mémoire qui m'empêche
maintenant de vivre
parfois je me demande pourquoi je m'obstine à
retrouver tous ces moments perdus

la vie s'écoule comme l'eau dans le sable

tout avait changé
tout le monde était parti ou presque
mes amies n'habitaient plus à Paris mais à
l'étranger
Hélène Agathe Ava Christine
Benoît aussi était parti
Pierre parcourait le monde entre Cuba Alger et
Pékin pour préparer la grande révolution
Marianne avait terminé sa période américaine
pour aborder sa période espagnole
ma sœur restait près de moi protectrice m'aidant
à survivre
car je n'étais toujours pas capable de
m'assumer complètement

***

je sais un jour j'en aurai ras le bol de Paris
je quitterai moi-aussi Paris

et puis j'ai rencontré sébastien

enfant de la balle d'une de ces familles de jeunes comédiens qui faisaient tous les rôles d'enfants dès leur plus jeune âge jusqu'à l'adolescence au théâtre au cinéma à la radio et à la télévision et dont le passage à l'âge adulte était difficile au point que certains ne s'en remettaient jamais

comment je l'ai rencontré lui je ne sais plus très bien

depuis que le soleil est revenu en cet été 71 j'oublie presque tout

seul me revient comme chaque année l'obsession de Brendan

regard de l'au-delà sur moustache anachronique

il faisait encore froid quand j'ai rencontré Sébastien dans une boite je crois je me demande toujours ce que je peux faire dans un endroit pareil où pour tuer mon ennui dans les stridences d'ombres et de lumières j'essayais de lire le dernier livre de Kerouac

Satori à Paris

l'illumination

des américains traînaient leur accent dans ce simili-saloon de Montparnasse

un jeune homme s'est éclairé quand il a lu le titre de mon livre

il m'a dit qu'il avait pleuré quand Jack Kerouac était mort

Gary Hemming il se rappelait aussi

il les connaissait tous

Bob Dylan et Dylan Thomas
Henry Miller et Malcolm Lowry
il connaissait la faim et le goût des nuits
la soif de vivre et la peur de grandir
il avait tout vécu
il avait vingt ans
il avait mille ans
je l'ai regardé à travers la nuit
je l'ai écouté jouer la guitare et l'harmonica
chanter et se taire

l'orage s'est abattu sur nous quand nous
sommes partis ensemble
vers le matin du côté du Luxembourg l'odeur
montait de la terre
Sébastien a ouvert les bras sous la pluie
il s'est approché d'un arbre
il a cueilli la pluie sur les feuilles
j'ai pensé
il va se frotter le visage avec la pluie
en rituel
et il s'est passé les mains sur le visage
en purification
ses yeux s'étiraient de fatigue
des yeux sertis comme un pharaon
comme Toutânkhamon
et je retrouvais tout
Brendan sous la pluie
l'odeur de la terre
nos errances
Brendan cueillant les gouttes de pluie sur l'arbre
se frottant le visage avec la pluie

en rituel
et tout était encore possible
avec le silence iridescent
j'aime la pluie a dit Sébastien
je l'écoutais à peine
je souriais
et quand nous nous sommes séparés il m'a dit
kenavo comme on dit chez vous en Bretagne
kenavo
je rêve

avec Sébastien j'ai tout retrouvé
et c'était comme il y a trois ans quatre ans cinq
ans
en une seule nuit j'ai vieilli de cent ans

nous sommes allés ensemble voir Wheels of
Ashes de Peter Goldman qui venait de sortir à
Paris
nous avions presque tous participé à ce film en
novembre et décembre 67
Marianne était la script
Ernie un producteur
Anne et Samuel des figurants
j'avais fait une robe de prêtresse hystérique
pour Judith Malina du Living Theater
une scène avait été tournée chez George
Whitman à la librairie Shakespeare and company
Ted Joans traînait aussi là-dedans le plus grand
dragueur de tous les temps comme l'appelait
Brendan qui lui n'était pas dans le film il était

encore pourtant à Paris mais déjà sur d'autres
routes que les nôtres
     la boucle du cercle se refermait

     alors Sébastien avec tes yeux de pharaon et ta
sagesse de Bouddha sans âge tu m'as sauvée
     en réminiscence de Brendan
     je n'aurai pas besoin de te dévorer comme les
autres
     je ne te toucherai sans doute jamais comme les
autres
     mais je finirai aquamarine
     un jour
     aquamarine revisited

post-scriptum

au Buci avec Tany et Soloman
deux amis noirs de Brendan
qu'est-ce que tu deviens Soloman
je suis toujours pauvre
et toi Tany
je suis toujours pauvre et noir
ah et qu'est-ce que tu voudrais être
je voudrais être riche et blanc c'est normal on
peut pas demander à quelqu'un de choisir s'il veut
être pauvre et malade ou riche et en bonne santé
il me demande alors
est-ce que tu sais où est parti Brendan
non tout le monde me demande ça mais je sais
pas personne ne sait ce qu'il est devenu

Brendan tombe entre nous avec de grands
silences
Tany est presque agressif mais je reste parce
qu'il va parler de Brendan et que j'ai besoin de ça
visages sur le trottoir
je dis Brendan il est peut-être au Mont-Athos il
est peut-être moine maintenant
non dit Tany qui parle entre un autobus et un taxi
Brendan il a dû rentrer chez lui dans sa famille
et il fait quelque chose avec Wall-Street
carrefour des rues entre l'Odéon et la Seine
Brendan il a maintenant beaucoup des actions
le Boul'Mich et Saint-Germain équidistance
entre la place Saint-André-des-Arts et la place de
Furstenberg

Brendan il arrivera peut-être ici en Rolls-Royce
un jour et il s'arrêtera au Buci et commandera des
boissons pour tous les copains
Soloman dit
je l'ai pas bien connu Brendan j'ai connu
seulement l'apparence de Brendan
Tany parle en regardant la rue
moi je l'ai bien connu et il me disait que toi tu
n'as pas voulu baiser lui

je proteste
mais il ne baisait pas Brendan

il me répond définitivement
oh mais alors tu n'as pas connu Brendan

the end

*août 69 moulin Richard de Bas - Paris - Formentera -
Londres - Arques - Saint-Leu-la-Forêt - novembre 71
monastère de la Rochette - février - mars 73
le Bosc été 73*

Postface de 1995

Le manuscrit s'arrêtait là en novembre 1971.

J'ai fait la correction au monastère où je m'étais réfugiée début 73, parce que je ne supportais plus Paris, le bruit du trafic, la pollution envahissante de la ville, les relations artificielles entre les gens.

En sortant du couvent, j'ai rencontré celui que j'allais épouser. L'été suivant, je suis partie vivre avec lui en Ariège dans la montagne où j'ai fini de corriger mon livre, trimballé partout dans mon cartable en vinyle jaune.

J'ai enfin donné naissance à mes deux premières filles et j'ai oublié Aquamarine.

Plus tard, je suis revenue vivre en Bretagne et j'ai oublié Paris.

En septembre 1994, au moment de partir à l'Université, ma fille aînée m'a demandé de lui prêter mon cartable d'étudiante. Elle y a découvert le manuscrit oublié d'aquamarine et m'a conseillé de le publier. Je n'avais pas prévu ça dans mes plannings, j'ai mis de côté les documents. Je lui ai prêté le cartable. Elle me l'a rendu un peu plus tard, il était trop sacralisé par son rôle d'écrin de ma jeunesse.

En juin 1995, il a fallu débarrasser la cave de ma chaumière, où j'avais stocké mes archives. Mes carnets de notes, mon journal, mes manuscrits, mes documents, sont ressortis « sous l'œil du soleil, à la face du monde », comme disent les druides.

J'ai alors réintégré la partie de moi-même restée dans l'ombre.

Comme tous mes autres projets étaient bloqués par des circonstances indépendantes de ma volonté, j'ai commencé à transcrire la version dactylographiée sur mon Macintosh.

Ma seconde fille, tombée sur l'écran, s'est emballée pour Aquamarine, elle l'a vue comme un film et m'a aidée à saisir le texte d'origine, que j'ai alors corrigé, élagué, annoté.

Obligée de déménager ma bibliothèque et ma discothèque, j'ai retrouvé un livre donné par Michel Polac, après un *Post-Scriptum* sur l'ésotérisme en début 71, alors que je travaillais sur Aquamarine. En ouvrant *Notre Vie avec Gurdjieff* de Thomas de Hartmann, je suis tombée sur une photo de jeunesse de Gurdjieff, en manteau et bonnet d'astrakan. Le bonnet et la moustache, ça m'a évoqué très fort Brendan, sauf que Brendan était un gentil qui ne prenait pas de pouvoir sur les autres.

J'ai alors revu dans mon souvenir les mains de Polac, longues mains blanches et fines d'esthète, qui me rappelaient celles de Brendan. Ses mains m'avaient déjà incitée à lui raconter notre Pot de Fer. À propos de ma belle Hélène, Polac avait évoqué Lou-Andréas Salomé, égérie de Nietzsche et de tant d'autres.

Mes livres sont restés de vieux amis fidèles, connus et reconnus, jamais décevants, ils m'ont toujours aidée à vivre.

Tout m'est revenu en mémoire au cours de cette relecture de moi-même.

J'ai eu de nombreuses épreuves depuis l'époque d'Aquamarine, des épreuves dont parfois on ne revient jamais, je réalise maintenant que j'ai toujours été protégée.

La tante d'Ava avait raison.

Chaque fois que j'ai cru sombrer définitivement, car j'avais choisi des chemins exigeants, j'ai vu surgir des aides. Suivant l'exemple de Brendan qui ne refusait jamais rien, j'ai toujours accepté ce qui m'était donné et j'ai beaucoup reçu. J'ai beaucoup remercié, mais mon ami Mo ha, frère fidèle comme l'était Benoît au temps du Buci, me dit maintenant que je ne dois pas remercier ceux qui m'aident, car c'est Dieu qui me fait ces dons. Alors ils sont sacrés et merci Dieu.

À l'époque du Pot de Fer, j'étais obsédée par le temps. Maintenant j'ai apprivoisé le temps. J'ai aussi retrouvé mon souffle. Et donc m vie. Je peux mettre des points à mes phrases. Et terminer mes livres.

J'ai fait petite fille si longtemps que je suis fière d'avoir acquis des cheveux blancs. Je les porte comme un casque d'argent, qui témoigne de m mémoire devenue peut-être sagesse.

Je vis au bout du monde sur une terre de granit, âpre de simplicité et sincérité, près des grandes pierres sacrées, qui défient le temps.

Mes compagnes ne s'appellent plus Hélène, Marianne, Ava ou Agathe, femmes fantastiques qui me protégeaient, mais la verveine druidique, la grande tanaisie, la verge d'or, ou l'achillée millefeuille, plantes sauvages que je préserve.

Le réseau électronique Internet, avec sa convivialité anarchique dans la recherche éperdue de connaissance, a remplacé mes rencontres avec le monde au Buci ou chez George.

Mes journées ne sont plus rythmées par les rendez-vous avec mes amis mais par les cycles du soleil et de la nature, suivant mes rythmes personnels, lents et profonds.

Les couleurs de l'année se déclinent sur les talus près des roues de mon vélo quand je vais nager dans la crique intouchée où mes ancêtres ont débarqué de Galice il y a trois siècles.

Chaque fois, j'ai rendez-vous avec Brendan.

Je n'ai plus besoin de tenir une aigue-marine dans le creux de ma main pour me protéger du monde, plus besoin de revoir Brendan, ni même de savoir ce qu'il est devenu, il a été un moment de la vie, précieux comme cette mer à mes pieds.

Je vais toujours me baigner seule, tôt dans la matinée, lorsque les seules traces sur le sable sont les écritures cunéiformes, laissées par les enchevêtrements triadiques des pattes de goélands.

Je ne dirai plus comme autrefois que tout m'appartient, car c'est moi qui appartiens au Tout.

Je suis là, bien là, en harmonie avec l'Univers.

Et c'est Brendan qui me l'a appris.

Il y a bien longtemps.

Pour l'éternité

Repérages

(par genre et ordre approximatif d'apparition à l'image)

Personnages d'aquamarine 67

Personnages principaux

Marine la narratrice, 20 ans, étudiante, vocation la couture, regarde, écoute, ressent, mémorise, témoigne de la fin d'un monde

Anne sa sœur, 26 ans, travaille normalement et paie le loyer du Pot de Fer, solide, sensée, sensible, protectrice

Hélène meilleure amie de Marine, 20 ans, brillante, protectrice, maternante, initiatrice

Marianne meilleure amie de Anne, 26 ans, dans le cinéma, reçoit tous les américains intellos et artistes de passage à Paris

Brendan 27 ans, américain mystique, prépare une thèse en Sorbonne sur l'ascèse de l'esprit, a fait vœu de chasteté, de pauvreté et d'obédience

Personnages parallèles

Thomas, 8 ans, petit frère

les parents de Marine et Anne

Jean, 22 ans, amant d'Hélène, étudiant en kinésithérapie, esthète

Agathe, 20 ans, étudiante en histoire de l'art, tolérante

Benoît, 20 ans, confident de la narratrice, en attente

Christine, 20 ans, transfuge de Nouméa, en conquête

Ava, 20 ans, enceinte, sud-américaine

la tante d'Ava, sud-américaine, clairvoyante

MyJo, 20 ans, amie d'Ava, entretenue par un médecin sud-américain

Jane, 20 ans, anglaise, mannequin, un bébé

la mère de Jane, Gloria et son boy-friend Andy, anglais

Penny, 27 ans, amie anglaise d'Anne

Nigel, 26 ans, américain, trafiquant, premier amant de Marine, la narratrice

Franck, 21 ans, cousin hollandais et premier amour d'Hélène, peintre

Pierre, 28 ans, malgache, révolutionnaire, deuxième amant de Marine

Personnages de rencontre

George Whitman, fondateur de la librairie Shakespeare and Company, où Anne et Marianne ont travaillé ; centre culturel naturel, en face de Notre-Dame, rue de la Bûcherie, kilometer zero, d'où partent toutes les routes de France

Ted Joans, écrivain, poète, musicien, américain noir

Langston Hugues, écrivain noir américain, 1902-67

Gary Hemming, alpiniste américain, 1934-69

Melvin Van Peebles, écrivain noir américain, réalisateur du film culte *Sweet Sweetback's Baad Asssss Song*

Michaël, juriste international, new-yorkais

Liz, jolie noire américaine de Kalamazoo College, étudiante

Donovan, chanteur pop, en concert en mars 67 à Paris

Ernie Stern, homme d'affaires new-yorkais, ami de Marianne et d'Anne

Raymond Aron, sociologue français, pour son cours du lundi soir à 5 heures à la Sorbonne

La Barraca, espagnol, vieil astrologue télépathe, au Dôme le soir, ou au Tournon

Lyane, jeune américaine d'origine irlandaise, chanteuse, musicienne, nous fait connaître les poèmes de Dylan Thomas

Alexander, américain en recherche orientale

John, américain, en recherche parisienne

Fire Gin, poète noir, originaire de Trinidad

Steve, styliste américain noir

Mouna, anarchiste, non-violent, éditeur du "journal le moins lu de la presse sporadique", parcourait le Quartier avec son vélo, écologiste avant tout le monde, animateur des marches de la paix

un Tchèque qui avait fui son pays et parcourait l'Europe

Philibert, peintre haïtien

Mary, cover-girl américaine

Lanza del Vasto, dit Shantidas, disciple de Gandhi, poète, philosophe, musicien, graveur, fondateur de l'Arche, communauté non-violente à Bollène et au Larzac

Krishna Murti, mystique, écrivain indien

Tony, australien, hitch-hiking all over the world

Joan Baez, chanteuse folk, vue à Paris en 1966, 67, 69 et en 70 à l'Ile de Wight

Samuel, peintre juif, amant de Martine

Mathias, photographe du Marais

Sam, cascadeur du Buci avec sa gueule d'Antony Quinn

Bob, tueur à gages, américain

Tina, tient un bistrot à l'angle de la rue Jean Callot

Terry, américain naturalisé israélien

Leonov, vieil ami d'Agathe, qui l'invite à dîner le lundi soir et lui tire les cartes

Yannis, écrivain grec, amant d'Hélène

Néron, grand voyageur, chez Hélène à Londres l'été 1970, puis à Formentera

Alvaro, espagnol, ami fidèle d'Ava

madame Denise, la patronne du Buci

les **cousins** de Marine, Simon, Gaby, Pierre, Jacques et Margot

Gunila, mannequin-styliste de chez Gudule et **sa petite fille**

Esther, petite espagnole du Buci

Aldo, italien du Buci

Tany et Soloman, américains noirs amis de Brendan

Ali, iranien, étudiant à Vincennes en 69

Sébastien, 20 ans, jeune comédien qui, comme la petite madeleine de la tante Léonie de Proust, permet à la narratrice de retrouver le monde perdu d'Aquamarine à Paris, au Quartier Latin

Michel Polac, éveilleur de télévision, émission Post-Scriptum en 70-71 jamais égalée, cinéaste, écrivain, peintre, pianiste, esthète

Livres pour aquamarine 67

The Beat Generation, textes de Ginsberg, Corso, Burroughs, Ferlinghetti, Kerouac (pocket)

le Discours de la Méthode de René Descartes, 1637

Been Down So Long It Looks Like Up To Me de Richard Fariña, Random House, 1966

The Catcher in the Rye (*l'Attrape-Cœur*) de J.D. Salinger, Penguin Book, Modern Classics, 1966

les albums d'**Astérix**, Goscinny, Uderzo, Dargaud

Big Sur et les Oranges de Jérôme Bosch d'Henry Miller, Livre de Poche, 1972

La Recherche du Temps Perdu de Marcel Proust, Gallimard, Livre de Poche, publication de 1965 à 1968

le Matin des Magiciens de Louis Pauwels, Livre de Poche, 1965

Nouvelles de J.D.Salinger ; *Teddy, Un Jour rêvé pour le Poisson-Banane*, Livre de Poche, 1966

les *Sonnets* de Shakespeare in *Complete Works*, Oxford, 1965

la Bhagavad-Gita et *les Upanishads*

Principes et Préceptes du retour à l'Évidence et *le Pèlerinage aux Sources* de Lanza del Vasto (Denoël)

les œuvres de **Clément d'Alexandrie,** de **Denys l'Aréopagite** et des **Pères de l'Église** (Bibliothèque Mazarine)

Under Milk Wood (Au Bois Lacté) de Dylan Thomas (pocket book)

Folk-Rock The Bob Dylan Story by Sy and Barbara Ribakove Dell Publishing Co, INC., 1966

On The Road de Jack Kerouac en poche (Sur la Route)

Dharma Bums et ***Desolation Angels*** de Jack Kerouac, André Deutsch Ltd, London, 1966

les Poèmes de Langston Hugues

Vivekananda

Peanuts de Charles Schulz, bande dessinée du New-York Herald Tribune en albums,version originale ; surtout *Good Grief Charlie Brown*, Fawcett World Library New-York, 1966

le Petit Prince d'Antoine de Saint-Exupéry, 1943

Nouvelles de Katherine Mansfield Félicité (Stock) et Sur la Baie (Poche)

Journal de bord de Saint-Brendan à la recherche du Paradis, présenté et commenté par Robert-Yves Creston, Éditions de Paris, 1957

Tristan et Iseult réécrit par Joseph Bédier

le Nouveau Testament en anglais

The Waves de Virginia Woolf (pocket book)

les albums de **Lucky Luke** par Morris (Éditions Dupuis) pour la dernière image like a poor lonesome cow-boy far away from home

Seven Years in Tibet de Heinrich Harrer, 1952

le mythe d'Œdipe et Antigone d'Eschyle à Anouilh

Au-dessous du volcan de Malcolm Lowry, Buchet-Chastel,1959

Michel Foucault, cours à Vincennes

Journal d'Anaïs Nin, de 1931 à 1947, publié chez Stock entre 1969 et 1972

Principes Rosicruciens pour le foyer et les affaires de H. Spencer Lewis aux Éditions Rosicruciennes du Domaine de la Rose-Croix,1972

Notre vie avec Gurdjieff de Thomas de Hartmann, éditions Planète,1968

Ulysses de James Joyce (Livre de Poche) dont les soixante dernières pages m'ont aidée à libérer ma pensée et ma respiration de leurs carcans d'expression

Campus de Michel Lancelot (J'ai Lu, 1973)

Je veux regarder Dieu en face de Michel Lancelot (J'ai Lu, 1975)

Franny and Zoe and Other Stories de J.D. Salinger (Pocket Book)

Tarantula de Bob Dylan (Bob Dylan, 1966 - 10/18, 1993)

Journaux et revues en 67

le Monde quotidien français du soir

The New-York Herald Tribune quotidien américain du matin

The New-York Times quotidien américain du matin

the Village Voice revue des intellectuels américains de Greenwich Village, quartier de New-York équivalent au Quartier Latin

Vogue anglais, revue mensuelle de mode, luxueuse

Elle, revue de mode française, hebdomadaire

The Paris Magazine, october 1967, N° 1, éditée par Shakespeare and Company

Radios et Télévision en 67-68 et 70-71

Radio-Caroline radio pirate anglaise émettant depuis l'Isle de Man en 1967-68

l'émission de radio Campus de Michel Lancelot sur Europe 1, à partir de 1968

l'émission de télévision Post-Scriptum de Michel Polac sur la 2ème chaîne en 1970-71

Pièces de théâtre d'aquamarine 67

Under Milk Wood by Dylan Thomas
En attendant Godot de Beckett
Midsummer 's Night Dream by Shakespeare
pièces irlandaises de Sean O'Casey
Mother Courage and her Children by Bertold Brecht, directed by Lee Breuer, Théâtre de l'Eglise américaine, mai 1967

Films d'aquamarine 67

Meet me in Saint-Louis de Vincente Minnelli
le *Cirque, l'Émigrant, le Kid* de Charlie Chaplin
Go West des Marx Brothers
Pierrot le Fou de Jean-Luc Godard, 1965
Tous les garçons s'appellent Patrick de Jean-Luc Godard
la Musica de Marguerite Duras avec Delphine Seyrig
Blow-Up d'Antonioni avec le mannequin Veruschka et David Hemmings (1967)
The Wild One , Julius Cæsar, On The Waterfront, les films avec Marlon Brando (l'Equipée sauvage, Jules César, Sur les Quais...)
Lola de Jacques Demy, 1961
Wheels of Ashes de Peter Goldman, avec Pierre Clémenti, Pierre Besançon, Judith Malina, produit par Ernst Stern, monté par Anne-Marie Lallement, tourné à Paris en novembre 1967, sorti en 1971

Peintures et sculptures pour aquamarine 67

l'exposition Picasso au Grand Palais février 1967

l'exposition Bonnard au Musée de l'Orangerie, 1967

tableaux de Renoir au Jeu de Paume à Paris et au National Gallery à Londres, 1967

la danseuse de Degas au Jeu de Paume

l'exposition Toutânkhamon au Grand Palais, 1967

les œuvres de Patrick Bétaudier, Rolf Dominikovsky, Isaac des années 60

Musiques pour aquamarine 67

Woody Guthrie 1 with Leadbelly, Cisco Houston, Sonny Terry, Bess Haves (Folkways Records-Le Chant du Monde) en particulier *Hard Travelling, We shall be free*

Richard Fariña *The Swallow Song* et *Pack Up Your Sorrow* chantées par Joan Baez

Les Rois du Folk-Song (Bob Dylan, Joan Baez, Pete Seeger, Phil Ochs, Andy Paxton, Peter la Farge, Festival de Newport 1963 (Vanguard), en particulier *With God on Our Side*

Les premiers albums de Bob Dylan de 1963 à 1967 en particulier *Talking New-York, Song to Woody, Blowing in The Wind, Mister Tambourine Man, it takes a lot to laugh it takes a lot to cry, Like a Rolling Stone, On The Road again, Sad Eyed Lady of the Lowlands, Desolation Row, I Want You, Rainy Day Women Twelve an Thirty Five, Visions of Joanna*

Lady Jane chanson de Keith Richard et Mick Jagger dans l'album Mother's Little Helper, 1966

Les premiers albums de Joan Baez

les Noces de Figaro de Mozart

Voyage d'Hiver de Franz Schubert avec Dietrich Fischer-Diskau

Donovan *Colours, Geraldine*

Harry Belafonte

Il combattimento di Tancredi e Clorinda de Claudio Monteverdi

Where Have All The Flowers Gone (marche de la paix de Londres) de Pete Seeger

Pete Seeger *I can see a New Day*

DYLAN THOMAS SOUNDBOOK read by Dylan Thomas, les Poèmes de Dylan Thomas dits par lui-même (enregistrés de 1951 à 1953) CAEDMON USA

les Litanies à la Vierge de Monteverdi

If you're goin' to San Francisco de Scott Mackensie (*Si vous allez à San Francisco*)

l'Otage d'après Brendan Behan de Mikis Théodorakis

Mode d'aquamarine 67

maillots de bain de Marion Fowle and Sally Tuffin

robes de Mia Fonssagrives et Vicky Tiel

mini-robe de Mary Quant

pulls en shetland portés moulants et courts

mini-kilt écossais

panty en dentelles blanches

pantalons Newman blanc ou bleu ciel à petites côtes

robe de noce de Formentera

les modèles de Marine en 67

mini-robes en jersey jaune et marine

robes-manteaux assortis

mini-robes en velours violet et mauve

robe-culotte de velours marine avec une cape assortie doublée de satin parme

combinaison de flanelle grise sans manche

mini-robe de crêpe rose retenue par des bretelles lingerie croisées au-dessus de la poitrine

robe mi-longue en crêpe vert d'eau incrustée de dentelle

knickers de velours noir

veste de velours vert sombre boutons de marins dorés

pour hommes

pantalons Newman blanc ou bleu ciel à petites côtes

veste de velours noir à la Pierrot le Fou

chemises pakistanaises

Accessoires d'aquamarine 67
chaussettes blanches et collants blancs
chaussures babies vernies blancs
sandales indiennes
sac 1900 en velours noir et fermeture d'argent
panier d'osier et couffin d'Ibiza
cartable en vinyl jaune

Maquillage d'aquamarine 67
faux-cils
traits de crayons autour de l'œil
blush sur les pommettes
brillant à lèvres

Couleurs d'aquamarine 67
aquamarine, rose indien, violet, parme, vert d'eau,
blanc, écru, marine, gris, jaune, vert, noir

Boutiques de mode à Paris en 67
boutique **Gudule** rue Saint-André des Arts
boutique **Daniel Hechter**
boutique **Harris** pour hommes rue Mazarine
boutique **Mia et Vickie** rue Bonaparte

Boutiques de mode à Londres en 67
Biba
Countdown
Westaway and Westaway
I was Lord Kitchener's valet
Mary Quant

Lieux et monuments d'aquamarine 67

(certains n'existent plus en 1995)

20 rue du Pot de Fer Paris Vè

librairie Shakespeare and Company rue de la Bûcherie chez George Whitman

la Place de la Contrescarpe Vè

le couvent des Bénédictines rue Tournefort

le Panthéon

le Jardin du Luxembourg et **le Jardin des Plantes**

la Cinémathèque de Chaillot

l'American-Express rue Scribe

le cinéma Maillot-Palace Porte Maillot

l'église Saint-Nicolas-des-Chardonnets

Centre Culturel Américain

un studio rue Maître-Albert

le Grand Palais

la Fac de Droit rue d'Assas le grand amphi

l'Olympia boulevard des Italiens

la Sorbonne amphi Richelieu

la bibliothèque Saint-Geneviève

une boutique diététique tout au fond du Boulevard Saint-Germain

librairies ésotériques de la rue de la Huchette et de la rue Gît-le-Cœur

la Bibliothèque Mazarine aile gauche du Palais de l'Institut quai Conti

le quai de la Seine près du Pont des Arts

l'Hôtel du Sud rue de Buci (n'existe plus)

un appartement rue du Cherche-Midi

le Musée du Jeu de Paume

la Maison des Prêtres-Saint-Séverin

la maison des Quakers

la place des Invalides

l'Église américaine (The American Church of Paris)
et le Théâtre 65/65 quai d'Orsay

l'Hôtel des Quatre Nations rue Mazarine

la piscine de la rue de Pontoise

la maternité de Baudelocque à Port-Royal

chez Régine club privé

le TNP (Théâtre National Populaire) au Trocadéro

une Galerie rue des Blancs-Manteaux

les Beaux-Arts rue Bonaparte

l'hôpital Saint-Louis

librairie 83 en haut du Boul'Mich

l'École du Louvre

la chambre de Robert Desnos rue Mazarine

les Halles encore Ventre de Paris

12 rue de l'Odéon l'emplacement de la 1ère librairie
Shakespeare and company tenue par Sylvia Beach avant
la guerre

le Mémorial près de Notre-Dame

Notre-Dame et les églises Saint-Germain-des-Prés,
Saint-Louis-en-l'Ile, Saint-Julien-le-Pauvre, Saint-
Sulpice

un atelier d'artiste rue Visconti

l'Hôtel de Carcassonne (n'existe plus)

le Centre Universitaire Expérimental de
Vincennes (n'existe plus)

Cafés et restaurants d'aquamarine 67

(certains n'existent plus en 1995 ou ont été transformés comme le Buci devenu un bar un peu plus chic)

la Chope place de la Contrescarpe
les Cinq-Billards rue de Mouffetard
le restaurant italien de la rue Dauphine
le Drugstore Saint-Germain
les Deux-Magots café boulevard Saint-Germain
un couscous de la rue Xavier-Privas
le restaurant vietnamien au 59 de la rue Galante
restaurant style 1900 rue de la Harpe
café **Le Dauphine-Mazet**
café **Le Carabin**
le Buci bar rue Mazarine, notre quartier général toute l'année 1967
le Dôme à Montparnasse
la Coupole à Montparnasse
restaurant Gaudéamus rue Pierre Sarrazin
la Palette café rue de Seine
le Tournon café près du Sénat
le restaurant grec rue Grégoire-de-Tours
le Petit Vatel restaurant
le Mouff 5 café rue Mouffetard
le Conti à l'angle de la rue de Buci
chez Tina bistrot au coin de la rue Jean Callot *(n'existe plus)*
le Soufflot café rue Soufflot
le Café de Seine rue de Seine
Chez Régine boite de nuit à Montparnasse

Itinéraires d'aquamarine 67

stations de métro pour le Pot de Fer
Monge (remonter la rue Mouffetard)
Cardinal-Lemoine (remonter la rue du même nom)

pour aller au Buci, de la rue du Pot de Fer, prendre la rue Mouffetard, Place de la Contrescarpe, rue Clovis, rue de la Montagne Sainte-Geneviève, rue des Écoles, rue de l'École de Médecine, carrefour de l'Odéon, rue Mazarine, le Buci

pour aller à la Bibliothèque Mazarine, continuer jusqu'au Quai Conti et le Pont des Arts, entrer dans la cour de l'Académie française

pour aller chez George Whitman, prendre la rue Saint-Jacques jusqu'en bas

pour aller chez Hélène rue Maître-Albert, prendre la rue du Cardinal Lemoine

pour aller au Dôme, prendre la rue Tournefort, passer derrière le Panthéon, le long du Luxembourg, emprunter la rue Vavin

compagnie d'aviation la Skyways de Beauvais (France) à Lympe (Angleterre)

Définitions

aquamarine *n* [NL *aqua marina*, fr. L, sea water] (ca 1751) **1** a transparent beryl that is blue, blue-green, or green in color **2** a pale blue to light greenish blue (Merriam Webster's Collegiate Dictionnary)

aquamarine 1 *n (stone)* aigue-marine *f*, *(colour)* bleu vert *m inv.* 2 *adj* bleu-vert *inv.* (Robert & Collins dictionnaire anglais-français, français-anglais)

aigue-marine, *n. f.* (1578); prov. *aigua marina*, eau de mer. Variété de béryl d'un bleu vert (Petit Robert)

M.C.A.A. Mouvement Contre l'Armement Atomique dont le logo reste célèbre 30-50 ans après

provos mouvement libertaire néerlandais des années 60

Crédits-photo et autres avec remerciements

Jacques Morpain, Mathias K.

Fitz Gore, Michel Bablon, Martine Cassou-Moore

bibliothèque, discothèque, correspondances et archives personnelles

***

Ce livre, inscrit dans une époque réelle, est une fiction. C'est ma vérité, non celle des autres.

Merci à toutes celles et tous ceux qui de près ou de loin ont traversé ou inspiré ces pages
avec tendresse
et merci bien sûr à Bob Dylan.

Fin

Contacts directs avec l'auteur

Facebook http://www.facebook.com/gaellekermen
Twitter http://twitter.com/gaellekermen
Flickr http://www.flickr.com/photos/gaelle_kermen/

Mon blog apporte un complément documentaire aux mots de ce livre
http://gaellekermen.net/

Aquamarine 67, 1ere édition de 1997 en pages web, 2e édition en 2010, 3ème édition en 2021
http://www.smashwords.com/profile/view/gaellekermen

M'écrire aquamarine67@free.fr

Gaelle Kermen
eWriter
diariste depuis 1960
auteur indépendant numérique depuis 2010

Copyright Gaelle Kermen 2010-2021
Publié sur Word en 2010
Revu sur Scrivener en 2021
Publié en Impression à la Demande en 2021

Table des matières

Dépôt légal juillet 2021

Marie-Hélène Le Doze, Kerantorec, Britannia, Europa

ISBN : 979-10-91577-47-2

9 791091 577472